댕기

핵시계 7분 전

덩기

지은이 | 박정규
발행일 | 초판 1쇄 2006년 11월 10일
발행처 | 멘토press
발행인 | 이경숙
출력 | 앤컴
인쇄·제본 | 한영문화사
등록번호 | 201-90-58902 / 등록일 2006년 5월 2일
주소 | 서울시 중구 충무로 2가 49-11 태광빌딩 302호
전화 | (02)2272-0907
팩스 | (02)2272-0974
E-mail | mentor777@paran.com

ISBN 89-958552-2-3 03810
978-89-958552-2-5 03810

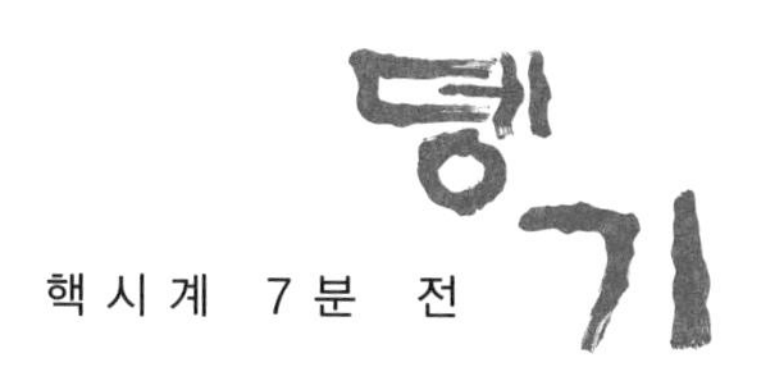

박정규 지음

멘토 press

| 여는 글 |

인간과 같은 생명체가 우주에 무한히 존재한다.

G. 브루노(중세의 철학자)

생명은 알이나 앞선 부모가 있어야만 생겨난다.

L. 파스퇴르(생물학자)

달표면에서 거대한 UFO를 보았고 조우했다.

B. 올드린(아폴로 11호 우주비행사)

한글은 모든 언어가 꿈꾸는 최고의 문자이다.

존 맨(영국 작가)

한국의 국민지능지수 IQ는 세계 1위이다.

리처드 린(영국 얼스터대학교 교수)

장차 한국이 세계에 공헌하는 게 있다면 그건 효를 통해서일 것입니다.

A. 토인비(역사학자)

| 차례 |

어디에서 왔나요

대사관을 부탁해

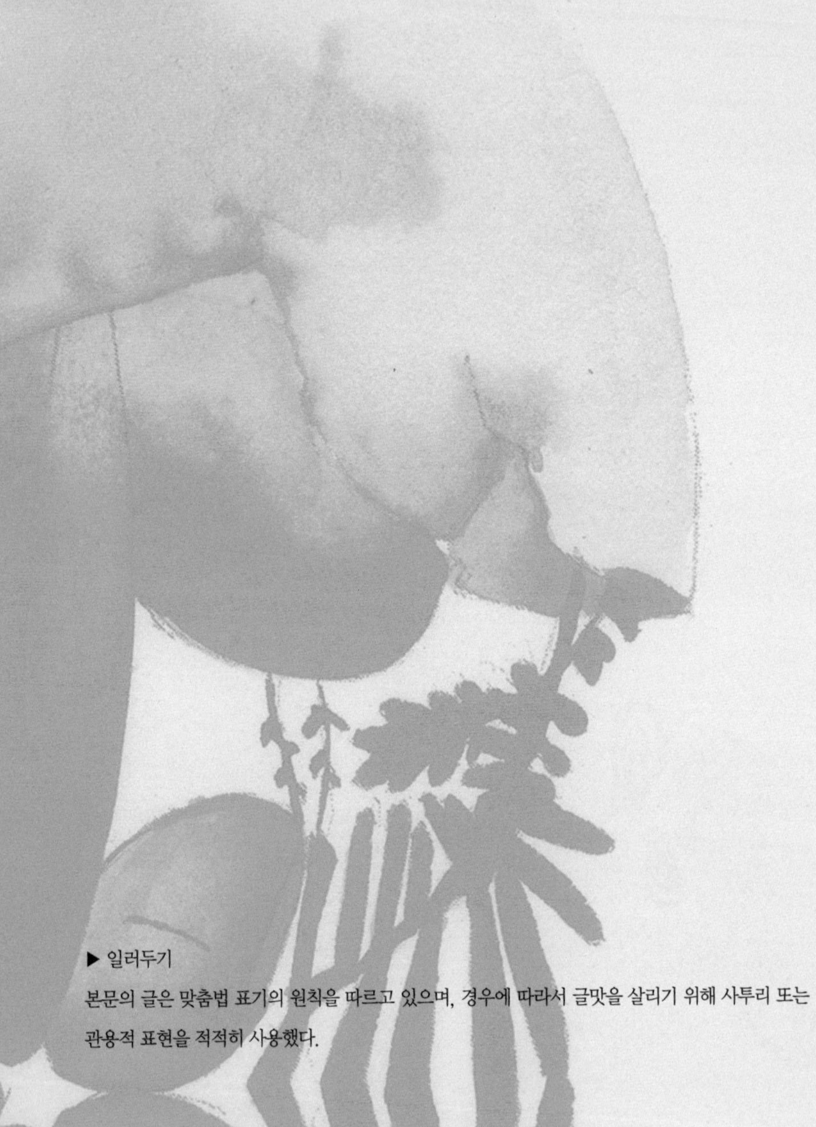

▶ 일러두기

본문의 글은 맞춤법 표기의 원칙을 따르고 있으며, 경우에 따라서 글맛을 살리기 위해 사투리 또는 관용적 표현을 적적히 사용했다.

| 감사의 글 |

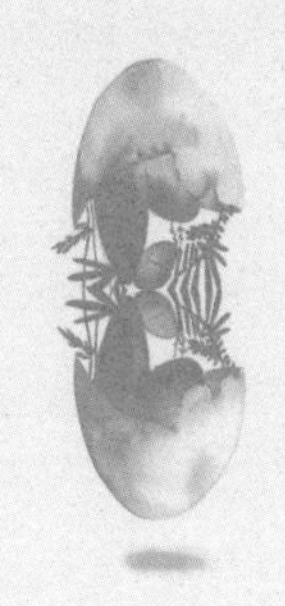

이글은 여행입니다.

인간이 무엇이며 어디에서 왔는가에 대한 경이로운 여행입니다.

삶을 사랑했기에 알고 싶었고, 알고 싶었기에 뜨겁게 행동했습니다. 그래 생명이 온 곳을 보았고 우리가 어디로 가고 있는지를 알게 되었습니다. 길은 두 개입니다. 하나는 유토피아인 황금시대이고 다른 하나는 파멸인 멸망입니다. 선택은 전적으로 우리 자신에게 달려 있습니다.

이 작은 책이 인간의 숨겨진 진실을 밝히고 황금시대를 실현하는 데 조금이나마 도움이 되기를 간절히 원합니다. 이 책은 많은 사람들의 도움을 받았습니다. 특히 멘토프레스 이대표님과 삽화를 그린 이경하님, 그리고 도움을 준 서울고 학생들과 선생님들에게 감사를 드립니다.

인간을 이끌었던 분들 그리고 인류의 평화와 진보를 위해 노력하시는 모든 분들에게 깊은 경의를 표하며…….

AH 61년(2006). 10. 31 박정규

순식간에 태양이 사라졌으며

거대한 땅덩어리가 구겨지고 떨어져나갔다.

어디에서 왔나요

무시무시한 폭풍과 어마어마한 해일, 혹독한 추위가 모든 걸 집어삼켰다.

생명이 멸망하고 사라졌다.

이 모든 것을 굽어보던 위대한 눈이 있었다.

세상 위의 세계와 세상 아래의 세계의 모든 지혜를 터득한 존재에 의해

생명은 보호되고 인도되었다.

생명의 불꽃은 다시 타오르고 인간은 번성하였다.

시간은 흐르고 비밀은 잊혀졌다.

그로부터 1만여 년이 지난 어느 날이었다.

굴속에서 돌진하는 기차와 마주하다

점심을 먹고 있었다.

외사촌 누나가 차려 준 점심이었다. 동네에 하나밖에 없는 확성기에서 잡음이 들리더니 굵직한 남자 목소리가 흘러나왔다.

"아, 아. 사람을 찾습니다. 사람을 찾습니다. 외갓집에 온 박정규 씨 있으면 전화 받으십시오. 다시 한 번 방송합니다……."

마을 회관으로 달려가 전화기를 집어 들었다. 수화기 저편에서 다급한 목소리가 전해왔다.

"너 정규 맞지? 어떻게 된 거야? 너 땜에 학교에서 난리났다."

"내가 보낸 편지 받았을 거 아냐. 내가 원하는 대로 해줘야 올라갈 거야."

"학교에서 너 원하는 대로 해준대. 엄마도 그렇고 빨리 올라오란다."

"정말이야?"

"그래."

"알았어, 곧장 올라갈께."

"너희 엄마 우리 집에 계셔. 네가 집 나가서 아파 누워 계셔."

"얼마나 아픈데."

어머니가 누워 있다는 말이 전화선을 타고 차갑게 파고들었다. 밥을 먹는 둥 마는 둥하고 사촌 누나에게 인사를 하고 나왔다. 82년 시골인 율정 마을에는 버스가 하루에 서너 번밖에 들어오지 않았다. 다음 차는 세 시간 이상을 기다려야 했다. 다른 방법은 없냐니까 철도 굴 넘어가면 읍내로 가는 또 다른 버스가 있다고 했다. 동네에서 철도로 올라가는 길은 좁고 경사가 급했다. 터벅터벅 걸어 올라갔다. 3일 전에도 걸어왔던 길이었고 그때에는 확신이 있었다. 그런데 지금은 왠지 불안하고 초조해졌다.

인간은 무엇인가. 우린 어디에서 와서 어디로 가는 것인가. 우리에게 궁극적인 목적은 있는 것인가. 철이 들면서 언제나 붙잡고 있는 문제가 전신을 휘감아왔다.

매서운 바람이 볼을 칼끝처럼 파고들었다. 2월의 하늘은 회색빛을 배경으로 흐릿한 눈발을 흩날리고 있었다. 부지런히 철로를 걸었다. 철로 레일 밑의 받침목과 자갈들이 뒤로 멀어져갔다. 어머니가 아프다는 말과 불안한 앞날이 발길을 무겁게 짓누르고 있었다. 철도 주변에는 녹지 않은 눈들이 여기저기 있었고 응달진 산 뒤쪽과 골짜기에는 눈들로 하얗게 덮여 있었다. 주위의 논바닥에도 흙과 쌓인 눈이 군데군데 엇갈려 있었다.

대입 검정고시는 4월에 있을 예정이었다. 국어는 교과서를 20번 이상 정독하면서 자습서를 병행해 볼 것이다. 수학은 문제집을 볼 것이고 물리와 화학은 교과서와 참고서를 같이 보리라.

생각에 잠겨 걷고 있었다. 얼마쯤 걸었을까. 갑자기 눈앞에 시꺼먼 굴 입구가 뱀의 아가리처럼 입을 딱 벌리며 나타났다. 고개를 넘어 가는 게 마땅했다. 그런데도 그리 높지 않은 산등성이가 수십 미터가 넘는 절벽처럼 느껴졌다. 무엇보다 눈 쌓인 산을 넘어가기에는 정신도 육체도 지쳤다. 200미터일까 아니면 300미터일까. 5분이면 지나가겠지. 설마 그 짧은 동안에 기차가 오랴 싶었다. 그러나 위험했다. 힘들어도 넘어야 했다. 사촌누나도 꼭 넘어가라 했질 않은가. 한참을 망설였다. 그런데도 무언가에 홀린 듯 뭔가에 씌운 듯 굴속에 걸어 들어갔다. 이윽고 햇빛은 희미해지고 칠흑같이 어두워졌다. 굴속은 칙칙하고 음산했다. 멀리 보이는 굴 끝이 기울어진 반달처럼 빛나고 있었다. 지옥에서 천국에 이르는 계단처럼 철로가 암흑에서 빛의 세계로 이어져 있었다. 어둠속을 헤매는 몽유병환자처럼 현실과 꿈길이 교차하는 지점을 정신이 나간 듯 걷고 또 걸었다.

얼마나 시간이 흘렀을까. 마치 시간이 정지한 것 같았다. 어떤 소리가 꿈속에서처럼 들려왔다. 처음 그 순간에는 무슨 소린지 몰랐다. 두 번째에야 분명해졌다. 기적 소리였다. 기차였다!

내가 가는 방향에서 기차는 오고 있었다. 순간적으로 현실로 돌아오면서 온몸은 긴장으로 팽팽해졌다. 앞뒤의 굴 끝을 살폈는데 크기가 같았다. 중간이었다. 가방을 꽉 움켜쥐고 뒤쪽으로 뛰었다. 온힘을 다해 뛰고 또 뛰었다. 사력을 다해 달렸건만 저 멀리 보이는 굴 끝은 한없이 멀게만 느껴졌다.

이렇게 뛰는 것은 늦는다, 굴을 벗어나기 전에 치여 죽는다는 생각이 찰나적으로 뇌리를 스쳐지나갔다. 뛰는 것을 포기하고 가쁜 숨을 몰아쉬며 굴 벽에 단단히 달라붙었다. 기차는 괴물 같은 머리를 앞세우고 굉음을 뿜어대면서 사정없이 돌진해 들어오고 있었다. 의식이 아득해졌다. 숨소리는 더욱 거칠어지고 온몸은 터질 듯이 부풀어 올랐다.

이 순간에 위험을 대비해 굴속에 홈이 있을 거라는 생각이 섬광처럼 작열했다. 아니 언젠가 누구에게 들었던 것 같기도 했다. 벽에 계속해서 붙어 있을 것인가 홈을 찾을 것인가 이 선택이 어려웠다. 머뭇거릴 시간이 없었다. 없을지도 모르지만 찾기로 결정했다. 시꺼먼 굴속이니

기차는 괴물 같은 앞머리를 앞세우고
굉음을 뿜어대면서 막 돌진해 들어오고 있었다. 의식이 아득해졌다.
숨소리는 더욱 거칠어지고 온몸은 터질 듯이 부풀어 올랐다.

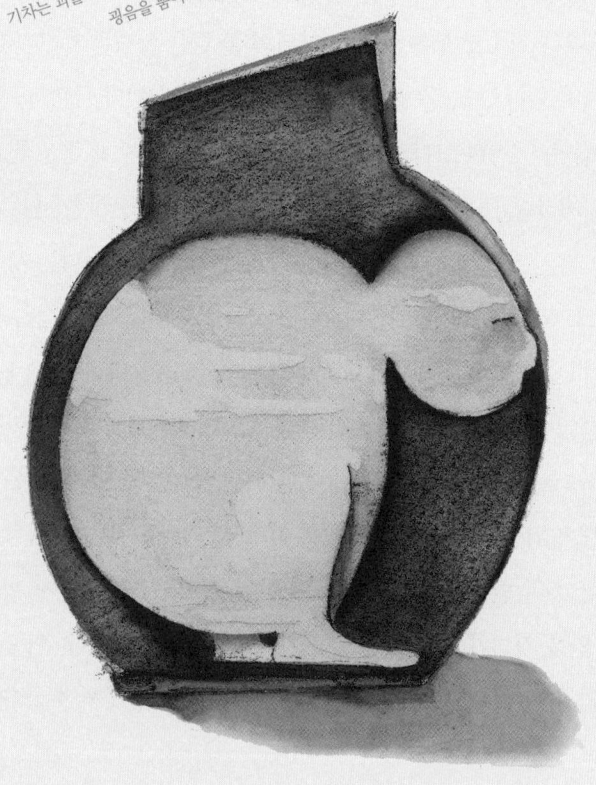

홈이 보일 리가 없었다. 한 손을 벽에 대고 다른 손에 가방을 들고 또 뛰었다.

이때의 심정은 투명 인간처럼 벽 속으로 스며들고 싶었다. 아니 새처럼 날개가 있어 훨훨 날았으면 하는 간절한 열망이 들었다. 어머니 아버지 얼굴이 지난날들과 겹쳐지며 춤추듯 너울거리고 있었다. 굴속에 뭐 하러 들어왔는지 내 자신이 한없이 원망스러울 뿐이었다. 쿵쿵대는 기관차는 빛줄기를 내쏘며 내 뒤로 달려들고 있었다. 죽음이 저 앞에 와 있었다.

바로 이 순간 벽에 대었던 손이 움푹 들어갔다. 홈이었다. 안도감에 휩싸이며 몸을 홈에 들이밀었다. 가쁜 숨을 몰아쉬며 만약을 대비해 가방을 가슴께로 쳐들었다. 잠시 후 바로 코앞에서 기차가 지나가기 시작했다. 맨 앞은 기관차였고 그 뒤에 차량이 끝없이 이어졌다.

덜커덩 덜커덕 덜커덩 덜커덕……

덜커덩거리는 기차의 바퀴 소리가 굴속에 폭풍처럼 휘몰아쳤다. 동시에 거센 바람이 휩쓸고 지나갔다. 이때 천둥처럼 울려 퍼지는 바퀴소리보다 내 심장은 더 크게 뛰고 있었다.

둥둥둥둥……

인디언 북처럼 요동치고 있었다. 둥둥거리는 심장 소리가 물결처럼 온몸에 퍼지고 있었다. 길고 긴 순간이 지나면서 바퀴 소리도 아련히 멀어져 갔다.

무서워서 홈에서 나올 수가 없었다. 기차가 또 올 것만 같아 두려웠고 공포스러웠다. 몸이 덜덜 떨렸고 주저앉고만 싶었다. 하지만 홈에 오래 있으면 있을수록 위험했다. '나가야 한다, 빨리 나가야 한다'를 되뇌면서 원래 나오는 방향으로 서둘러 나왔다. 출구 근처에 다다르자 찬 공기가 확 밀려왔다. 충격과 놀라움에 온 몸이 땀으로 뒤범벅되어 있었음을 그때서야 알았다. 등줄기에서부터 허벅지까지 식은땀에 흥건히 젖어 있었다.

굴을 빠져 나오자 완전히 지치고 탈진되어 더 이상 걸을 수가 없었다. 눈 없는 선로 주변에 앉아 쉬었다. 바람은 차가왔지만 햇빛은 따사로웠고 모든 것은 언제 그랬냐는 듯 한가로웠다. 역시 살아 있다는 것은 좋은 것인가 보다. 아마 30분 이상은 쉬었으리라.

위험했던 순간은 뇌리에서 희미해져 갔다. 불교를 믿었으면 부처님의 가호라고 하고 기독교를 믿었으면 하나님의 뜻이라고 했겠지. 당시의 기관사도 놀랬으리라.

그로부터 몇 년이 지난 후였다. 우연히 그 기차굴이야기가 나오게 되었다. 사촌형이 이번에도 그 굴에서 사람이 죽었는데 예전에도 많이 죽었다 했다. 바퀴에 깔려 짓이기게 되면 핏자국과 옷가지만 남아 끔찍했다고 했다. 그 얘기를 듣자 악몽 같았던 순간이 생생하게 되살아났다. 그래 그 사건을 말했다. 그러자 형이 운이 좋았다며 뛰는 것은 굴을 벗어나기 전에 치어죽고 벽에 달라붙는 것은 아슬아슬하게 스치지만 기차가 지나가면서 생기는 흡인력에 빨려 들어가 죽는다 했다. 굴속에서 사는 방법은 딱 두 가지라면서 그 중의 하나가 바로 홈을 찾는 것이라 했다. 뒤이어 하늘이 도왔다면서 홈이 한쪽 벽에만 있다는 것이었다.

기운을 회복해서 걸어갔다. 버스를 타고 읍으로 향했다.

신을 의문하다

읍내의 버스 정류장은 한산했다.

표를 끊고 전주행 직행버스에 올랐다. 버스는 거의 비어 있었다. 의자에 몸을 깊숙이 던져 넣었다. 예전엔 직행버스가 빨랐는데 이번엔 유난히 느려 걷는 것만 같았다. 창 밖의 풍경이 느릿느릿 바뀌며 옛일이 영화필름처럼 스쳐지나갔다.

아침이면 닭이 울고 땅거미가 질 무렵이면 굴뚝에서 연기가 모락모락 피어나는 고즈넉한 마을이었다. 고향마을은 춘향이 고을 남원읍에서 순창 가는 도로변에 위치한 한적한 시골이었다. 양옆으로 산이 오목하게 감싸면서 그 사이에 옹기종기 집들이 이어져 있어 입구에서는 전체 모습이 다 보이지 않았다. 그 당시에는 50가구가 넘었고 우리 집은 위아래 중간에 있었다. 이 집은 흙으로 만든 토담집이었는데 매우 낮고 누추해 금방이라도 쓰러질 것 같았다. 지금은 빈집이 많아 황량하고 을씨년스럽다. 노인들은 많고 아이들이 없어 꼭 키다리의 정원 같다.

뎅기가 생산되었을 때 아버지는 67세였고 어머닌 여자였다. 어머니는 개를 비롯한 염소와 닭 등의 가축을 사람 대하듯이 키웠다. 복구라는 개를 10년 이상 길렀다. 잿빛을 띤 온순한 개였는데 영리해서 식구들 모두의 사랑을 받았다. 눈이 오면 뎅기와 복구는 어쩔 줄 몰라하며 뛰어다녔다. 동네 길로 언덕으로 밭으로 좋아라 뛰어다녔다. 어릴 적엔 함박눈이 내리면 그리도 좋았다. 하얀 눈꽃송이가 좋았고 희게 변한 세상이 별천지 같아 좋았다. 또 여름밤엔 아버지와 집 앞 널찍한 바위에 앉아 콩국수를 먹었다. 밤하늘을 수놓은 초롱초롱한 별들은 손만 뻗으면 곧 닿을 것 같았다. 수많은 별들이 널려 있어 하늘을 흔들면 그냥 떨어질 것만 같았다. 아버지와 함께 이별 저별의 이름도 배웠다.

한 학년이 1학급에 불과했던 죽동초등학교는 규모가 매우 작았다. 여섯 마을 아이들이 이 학교에 다녔는데 학교 가기 조금 전에 야트막한 평지에 바위가 솟은 봉황대가 있었다. 친구들과 오다가다 봉황대에 올라가 오줌을 갈기곤 했다. 높은 곳에 올라가 내지르는 오줌은 특히나 시원했다. 오줌 줄기가 작은 폭포처럼 떨어지는 그 기분! 아마 여자들은 죽었다 깨어나도 모르리라.

1년에 두 번씩 소풍을 갔다. 봄엔 살구꽃 피는 마을을 지나서 갔고 가을엔 코스모스 핀 길을 따라 풍악산으로 소풍을 갔다. 바람은 살랑거렸고 뭉게구름은 두둥실 떠 있었다. 행복에 겨워 마냥 재잘거렸고 먼 길을 가도 다리 아픈 줄 몰랐다. 또 만국기가 펄럭이는 시월엔 운동회가 열렸다. 청군백군 나눠 하얀 선을 긋고 하루 종일 뛰고 달리고 응원하였다.

죽동초등학교를 졸업한 촌놈 뎅기는 읍내에 있는 용성중학교에 들어갔다. 중학교를 마치고 얼마 되지 않은 단출한 짐을 싸 어머니와 함께 전주로 이사했다. 시골에서 도시로 향하는 여느 소년처럼 미래에 대한 희망으로 들떠 있었다. 언제부터인가 창공에 역사를 새기겠다는 푸른 마음이 자라고 있었다.

노송동에 있는 영생 고등학교는 기독교 학교였다. 1주일에 한 번씩 전교생과 교직원이 모인 전체 예배가 있었다. 또 목사나 전도사가 가르치는 교목이라는 성경 공부 시간이 2시간씩 있었다. 교목과 예배 시간마다 난 깊은 이질감에 사로잡혔다. 예전에도 그랬었다. 중학교 때 같은 반 아이 중에 스님의 아들이 있었는데 그 친구를 따라 절에 갔을 때도 설명하기 힘든 묘한 거리감을 느끼곤 했다.

고개 숙인 저 군중. 들리는 기도 소리와 설교들을 이해할 수가 없었다. 그리고 공감이 안 되는 것을 된 것처럼 동조할 수도 없었다. 솟구치는 의문을 교목 시간에 거침없이 토해냈다.

"하나님은 어디에 있습니까?"

"모든 곳에 있지."

"그럼 시궁창에도 있고 똥 속에도 있나요?"

"아냐. 그런 뜻이 아니라 신은 영이니까 볼 수 없지."

무슨 말인지 전혀 납득할 수가 없었다. 있다는 건지 없다는 건지 알 수도 없었고 이해되는 척하기도 어려웠다. 어떤 학생들은 수긍한다며 예수님을 영접하기도 했으나 난 도저히 그럴 수가 없었다.

"구약시대에는 신이 나타났는데 지금은 왜 안 나타나지요?"

"그건 하나님의 뜻이야."

"그럼 하나님의 뜻이 변한 거네요. 왜 변했지요?"

"기독교는 믿는 것이지, 그렇게 따지는 것이 아니야."

"따지면 왜 안 되지요. 무조건 믿으면 지금도 지구가 세상의 중심인데 이건 아니지 않습니까?"

대부분의 학생들은 이런 의문에 관심이 없었고 죽기 살기로 따지고 드는 나를 신기한 듯 바라보았다. 가깝게 지낸 친구들은 그럴 필요 없다며 만류하곤 했다. 목사님도 나중에는 구제불능이라는 듯이 쳐다보며 질문을 묵살하곤 했다. 나 역시 귀신 신나락 까먹는 소릴 해대는 그

목사가 구제불능인 것은 매한가지였다.

전지전능한 신이 왜 우주와 인간을 창조했는가. 대체 완전한 하나님이 뭐가 부족해 우주와 인간을 만들었는가. 단순히 찬양 받기 위해서라고. 그럼 신은 왜 찬양 받길 원하는가. 신의 능력이 무한하다면 찬양이고 모욕이고 나발이고 다 필요 없는 것이다. 그리고 하나님은 누가 만들었는가. 스스로 존재한다고. 그럼 우주도 신처럼 스스로 있을 수 있는 것이다. 자연은 스스로 존재할 수 없다고 대체 어떤 자가 정했단 말인가.

또 우리의 몸 어디에 비물질적인 영혼이 있으며 영혼은 물질과 어떻게 결합한다는 것인가. 죽은 후에 영혼이 존재한다면 태어나기 전에도 영혼이 있어야 할 것 아닌가. 난자는 어머니에게서, 정자는 아버지에게서 와서 사람이 되는데 도대체 수정되는 순간 영혼이 어디에서 온다는 것인가.

더불어 자유의지 역시 명백히 환상이었다. 태어나고 싶어 태어난 인간이 어디 있는가. 세상에 나와 보니까 머리 달린 인간이었고 그래 약간의 반응을 하는 게 인간 아닌가. 내적인 요인과 외적 환경이라는 요인에 의해 결정되는 인간의 행위란 두 골짜기 사이에서 굴러 떨어지는 돌과 하등 다를 바 없었다. 구르는 돌 어디에 자유의지가 있단 말인가.

해답을 찾으려고 여러모로 애썼다. 근처의 절에도 가봤고 불경도 읽었다. 통일 교회도 들렀고 여호와 증인의 교리도 읽었다. 그러나 맘에

드는 해답을 누가 주지도 않았고 찾을 수도 없었다. 남들이 부러웠고 자신이 똘아이 같아 싫기도 했다. 지친 심정에 포기하고 싶었고 외톨이에서 벗어나고 싶었다.

그러나 잊고 지내면 1주일을 못 가 구름처럼 피어나는 그 의문들. 그 문제들이 해결이 안 되면 무엇보다 나 자신이 괴로워서 견딜 수가 없었다.

예수는 하늘 어디로 갔고 석가는 무엇을 깨달았단 말인가. 달은 여기 있고 지구는 저기 있는 태양을 돌고 있는데 예수는 대체 어디로 갔단 말인가. 해탈한 순간 석가의 두뇌는 다이아몬드라도 됐단 말인가. 왜 지금 예수는 내 귀에다 진릴 소곤대지 않고 해탈한 석가는 어디서 무얼 한단 말인가. 잎새에 이는 바람에도 괴로워했다고 누가 그랬던가.

머릿속에 출렁대는 한 생각에 난 괴로워했다. 어릴 적부터 살쪄 통통하던 볼은 조금씩 말라가기 시작했고 명랑하던 성격도 날카롭게 변해 가고 있었다. 한 생각에 빠지면 며칠씩 갔고 그럴 때면 머리가 멍해지곤 했다. 난 내가 누구이고 인간이 무엇인지를 알고 싶었다.

기독교도 말이 안 되었고 통일교도 말이 안 되었다. 불교도 생명의 이치가 없었고 몰몬교도 생명의 이치가 없었다. 유교의 공자 역시 못난 집단의 왜소한 지도자일 뿐이었다. 부모에게 효도하라는 것은 좋지만 왕에게 충성하라는 건 일고의 가치도 없었다. 백성들을 행복하게 하는

자가 왕이며 그렇지 못하면 가차 없이 갈아 치워야 하는데 뭐 충성하라고. 한마디로 웃기는 소리였다. 그 당시 동양에 대한 선입견과 수업 시간에 단편적으로 배운 지식이 전부여서 '논어'를 정독할 여유가 없었다. 스님들 역시 마찬가지였다. 산에 들어가면 뭐가 달라지며 모두 중이 되어 인간이 사라진 뒤에 어디에 깨달음이 있다는 건가. 난 격렬했고 망설임이 없었다. 진리에 대한 열정은 불꽃처럼 타오르고 있었다. 말 그대로 진리와 도를 구하는 구도자의 심정이었다.

그 당시 전주시 동남쪽에 중바위라는 꽤 높은 산이 있었고 남쪽으로는 산등성이를 사이에 두고 골짜기가 길게 이어져 있었다. 그 사이사이에 산사가 있었다. 지치거나 힘에 겨울 때면 본능적으로 산을 찾았다. 산 속을 거닐면서 잠시나마 모든 것을 잊곤 했다.

구약성경이나 다른 종교에 등장하는 신은 명백히 인간이었다. 말 들으면 좋아라 상주고 수틀리면 벌주는 것은 분명 인간이었다. 무엇보다 우주를 어떤 신이 창조했다는 것은 도저히 받아들일 수가 없었다. 열 번 죽었다 깨어나도 그럴 수 없었다. 차라리 진화론이 나았다. 하지만 진화론 역시 따지고 보면 불확실하기는 매한가지였다.

돌연변이는 좀 더 우수한 기관이나 신기능을 가져오는 게 아니라 기형이나 생존할 수 없는 게 전부 아닌가. 그런데 살아있는 것들이 어떻게 저절로 생겨난단 말인가. 이것은 바로 진화론의 치명적인 결함이었고 진화가 불가능하다는 것을 여실히 보여주고 있었다. 한 개체의 모든 세포에 그 개체 전체를 재생할 수 있는 유전자인 DNA가 들어 있다는 사실은 진화가 가능하지 않을 거라는 강력한 추측을 심어 주고 있었다. 우연히 거북 바위나 양떼구름은 만들어질 수 있겠지만 손가락이나 무릎에 있는 세포 하나하나에도 내 몸 전체의 유전자가 들어 있다는 것은 아무래도 우연히 생길 수 있는 게 아니었다.

게다가 수억의 사람들이 믿고 있는 기독교나 불교, 이슬람교 등은 또 무어란 말인가. 조작했거나 착각은 아닌 것 같았고 뭔가 있는 것처럼 보였다. 모든 종교는 뿌리가 하나로 보였고 배후에 풀리지 않는 어떤 수수께끼가 놓여 있는 것 같았다. 종교는 있지만 신은 없었고 진화론은 있었지만 DNA는 불가능이었다. 어떤 때는 해결의 실마리가 무지개처럼 잡힐 듯하다 사라지곤 했다.

결국 믿을 건 자신밖에 없었다. 스스로 찾을 수밖에 없는 상황으로 내몰리고 있었다. 철학과를 가려고 문과로 정해 2학년으로 올라갔다. 생각은 쳇바퀴 속에서 돌고 있었고 대답 없는 갈등은 지속되었다. 시간은 흘러갔고 달은 차고 이지러졌다. 잠 못 이뤄 새벽 두세 시에 울리는 시계 종소리는 섬뜩하게 다가오곤 했다. 정적을 깨고 먼 산에서 들려오는 새소리는 천상에서 내려오는 듯했다. '재촉재촉' 하는 소리가 누구에게는 국화꽃을 피우기 위한 것이었지만 나에게는 깨달음을 재촉하는 듯하기도 했고 비웃는 듯하기도 했다.

따지려 들고 의심하기 시작하니 모든 것이 의문투성이였다. 어제의 내가 정말 오늘의 나인지조차도 확실하지가 않았다. 이러다 끝내 미치는 것인지도 몰랐다. 40억의 인구가 모두 기독교를 믿어도 불교를 믿어도 진화론을 믿어도 그것이 지구인들의 편견일 수 있다는 화두는 날 뿌리째 뒤흔들어 놓았다. 그럼 무엇이 보편적인 진리고 그 근거는 무어란 말인가. 어떤 원칙을 세워야 했고 그걸 기준삼아야 했다.

과학이 유일한 희망으로 다가오고 있었다. 현상들의 연관성을 체계적으로 이해하는 과학에 의지하는 것 말고는 다른 방도가 없었다. 이 거대한 지구가 움직일 수는 있어도 우주를 누군가 창조할 수 없다는 것은 결코 흔들릴 수 없는 불변의 진리였다. 우주는 그냥 있는 것이었다. 무한히 있어왔고 무한히 있어가는 것이 의심할 수 없는 확실한 자연의 본성이었다.

답답한 심정에 철학이나 과학서적, 인물들의 전기를 닥치는 대로 보기도 했다. 독서를 통해 우주의 광대함에 대해 알게 되었고 과학이 우리의 생활뿐만 아니라 세계관까지도 변혁시켜 왔음을 확실히 이해하게 되었다. 또한 저 넓은 우주 어느 곳 다른 별에도 지구처럼 인간이 살 거라는 것은 나에게 너무나 당연하였다. 아울러 UFO가 외계에서 온다는 것도 의문의 여지가 없었다.

어떤 교사가 쓴 예수가 외계인의 아들이라고 주장하는 책은 해결의 단서를 보여주는 것 같기도 했다. 성경의 에스겔이 본 구름에 쌓인 물체는 신이 아니라 우주선이라는 것은 해머처럼 전신을 강타하였다. 종교는 과학에 의해 해명될 수밖에 없다는 확신이 선 것도 이 시기였다.

그렇지만 외계인을 생각하면 풀릴 듯하면서도 전체의 해답은 여전히 안개에 싸여 있었다.

철학적인 진리보다는 과학적인 지식이 더 본질적이라고 느껴졌다. 아니 철학과 종교가 과학에 포함되는 것처럼 보였다. 인간이 추구하는 모든 진리는 두뇌의 반응처럼 생각되었고 인간은 정교한 기계라는 결론에 도달하고 있었다. 동시에 인간이 할 수 있는 일은 보다 많은 사람을 행복하게 하는 것이 유일한 목표가 되어야 한다고 확신하게 되었다. 그리고 이 시기에 해와 달도 아니고 산과 바위도 아닌 나 자신에게 굳게 다짐하며 옳은 길을 가겠다고 맹세하였다.

철학이 아니라 과학을 공부하기로 결심했다. 2학기 중반을 넘어서 담임선생님에게 이과로 옮기겠다고 말했더니 문과 체질이라며 안 된다는 것이었다. 선생님 중에 재밌고 학생들과 잘 통하는 국어 선생님이 있었다. 자그마한 키에 눈웃음치는 모습이 점잖으면서도 장난스러워 학생들이 좋아했다. 한 번은 들어오자마자 1분단 한 학생을 지목해 대뜸 질문을 던졌다.

"너, 시조가 누구고 몇 대손이야?"

"……."

이어 2분단 같은 위치의 학생이 차례로 불리어 일어났으나 묵묵부답이었다. 드디어 세 번째로 내 차례가 되었고 동일한 질문이 되풀이되었다. 박혁거세는 알고 있었지만 몇 대인지는 정확하지 않았다. 설마 족보 가져오라고 하지는 않겠지 하며 천연덕스럽게 대답했다.

"박혁거세 오십삼 대손입니다."

"그래도 이 반은 자신의 뿌리를 아는 사람이 한 명이라도 있군. 사람은 근본을 알아야 돼. 이놈들아 좀 배워. 따라 배우라고."

친했던 국어선생님을 찾아가 과를 옮기겠다고 간곡히 부탁을 했으나 역시 안 된다는 대답이었다. 그럼 자퇴하겠다고 했더니 인생 망치니까 결코 승낙할 수 없다며 자식이라면 두들겨팰 거라고 하였다.

하는 수없이 마지막 방법을 쓸 수밖에 없었다. 겨울방학이 끝나면서 곧바로 실시되는 학년말 고사를 보지 않기로 하고 이듬해 4월에 있을 검정고시 준비를 시작하였다. 시험 보는 첫날 집을 나와 남원에 있는 외갓집으로 향했다.

긴 회상이 끝나가고 있었다. 지나간 일들이 꿈만 같았다. 어느덧 직행버스는 전주 터미널에 도착해 있었다. 어머니는 전화했던 고향 사람 집에 있었다. 자식이 가출을 하자 근심에 싸여 여기로 온 것이었다. 어머닌 자식이 학교를 그만두게 되었다며 이젠 뭘 보고 살아야 할지 모르겠다며 한숨이었다.

한 권의 책이 내려오다

다음날 학교에 갔다.

자퇴 정리를 하고 선생님과 친구들에게 인사를 했다. 이왕 할 것 잘해보란다. 어머니와 난 서로 말이 없었다. 길가의 돌멩이를 툭툭 차며 돌아왔다.

책을 보고 또 봤다. 해가 뜨고 또 떴다. 태양이 조금씩 높게 뜨면서 겨울이 끝나가고 있었다. 눈 녹은 울타리에 노란 개나리가 피기 시작했다. 줄지어 핀 개나리는 소풍 나온 아이들 같다. 그 짙은 때깔하며 함초롬한 모습이 영락없는 유치원생이다. 산들바람이라도 불라치면 뛰노는 아이들처럼 흔들거린다. 이때쯤이면 산골짝에도 진달래가 흐드러지게 피어난다. 진달래는 실연당한 처녀 같다. 엷은 핏빛으로 물든 색깔과 곧 스러질 것 같은 자태가 한을 머금은 것 같다. 그래 소월은 그렇게 노래했나 보다.

진달래가 뚝뚝 떨어질 무렵인 4월에 검정고시가 있었다. 시험은 일요일 어느 학교에서 있었다. 입을 옷이 마땅치 않아 교복을 입고 갔다. 아줌마도 스님도 있었고 이십대도 오십대도 있었다. 까맣게 탄 피부와 굵은 주름살에 긴장이 배어 있었고 굵은 손마디에 낀 펜이 가냘퍼 보였다. 빨리 풀어 대는 내 답안지를 여기저기서 기웃거렸으나 왠지 말리고 싶지 않았다. 아침에 시작된 시험은 오후 늦게야 끝났다.

이쯤에 진달래 빛으로 다가오는 여자가 있었다. 그녀를 안 지는 꽤 되었다. 중학교 동창의 누나였으니 3년은 더 되었다. 당시 여대생이었던 그녀는 갓 피어나는 꽃봉오리 같았다. 계곡의 들꽃처럼 아름다웠고 화사했다. 뽀얀 피부와 봉긋한 가슴은 한창 매력을 발산하고 있었다.

가끔씩 놀러 갈 때면 상냥하게 반겨주곤 했다. 걱정해주며 이것저것도 먹으라고 권하곤 했다. 그녀의 다정한 말 한마디와 해맑은 미소는 긴긴 가뭄 끝의 단비 같았다. 어느새 그녀의 얼굴을 그리는 시간이 많아졌고 그리움은 앞산만 해졌다. 무심코 스치는 그녀의 행동 하나하나에 상상에 상상을 덧붙여 높다란 성을 쌓고 있었다. 커질 대로 커진 감정을 주체할 수가 없어 동창한테 털어놓았다.

떨리는 가슴을 진정시키기 어려웠다. 용기를 내려고 포장마차에서 함께 소주를 마셨다. 알코올이 들어가자 의식이 조금은 몽롱해졌고 약간은 술의 힘을 빌려 그녀의 집으로 향했다. 시간은 이미 밤 11시를 훨씬 넘어 있었다. 골목길을 돌아돌아 회색 철문 앞에 다다랐다. 대문은 굳게 닫혀 있었고 불 꺼진 방은 인기척이 없었다.

쿵쿵쿵…….

녹슨 대문을 세차게 두드렸다. 누군가 나왔다. 그녀였다. 서둘러 빗어 넘긴 머리에 청자켓과 스커트를 매만지며 나오고 있었다.

"웬일이니? 이렇게 밤늦게."

"할 얘기가 있어 왔어."

"뭔데."

할까 말까 망설여졌다. 불길한 예감이 스쳐지나갔다. 다시 한 번 용기를 내어야 했다.

"나, 누나 좋아해. 사랑하고 있다고."

"……."

갑자기 그녀의 표정이 굳어졌다. 팔짱을 꽉 낀 몸에서 한기가 흘러나왔고 가로등 불빛이 그녀의 얼굴에 짙은 그늘을 드리우고 있었다. 힘들게 내가 말을 이었다.

"나한테 잘해 줬잖아."

"동생 친구고 안쓰러워 그런 거야. 너한테 관심 없어."

"……."

"……."

"그래 알았어. 됐으니 들어가."

철커덩하고 대문이 닫혔다. 한참을 그대로 서 있었다. 휑하니 빈자리에 서러움이 밀려왔다. 좁은 골목길의 지붕 틈 사이로 찌푸린 달이 무심한 빛을 뿌리고 있었다. 가로등이 비추고 있는 칙칙한 골목길을 겨우겨우 걸어갔다. 포장마차에 들러 결과를 얘기해주었다. 인적이 없는 도로 길을 유령처럼 걸었고 집에 도착하자마자 그대로 고꾸라졌다.

고통스럽고도 비참했다. 쓰라린 아픔이 며칠 이어졌다. 하지만 어쩔 도리가 없었다. 힘든 시간이 흐른 뒤 열흘쯤 후에 친구 집에 들렀다. 그녀에게도 언제 그랬냐는 듯이 인사를 하고 말을 걸었더니 나더러 어쩜 그리 뻔뻔하냔다. 난 그 일은 그 일이고 지금은 지금이라고 대꾸했다.

시골에서 도시로 나온 뒤로 생활은 여의치 않았다. 그래 어머닌 이런 저런 일을 했다. 일거리가 마땅치 않아 여기저기 수소문해 환자를 돌보는 일을 얻었다. 뇌졸중으로 쓰러진 칠순 노파를 간병하기로 하고 노파의 집으로 이사를 했다. 그 집은 ㄱ자 형태였다. 한쪽 맨 끝에 부엌이 있었고 다음에 우리 방, 꺾어지면서 노파의 방이 있었다. 그리고 두 개의 방과 부엌이 더 이어졌는데 그곳에는 네 식구가 살고 있었다. 그 중에 철학과 여대생이 있었다.

언제부터인가 그녀가 집에 있는 시간이 늘어났고 대학에서 돌아오는 시간도 점점 빨라지고 있었다. 자연히 대화하는 시간도 많아졌다. 철학적인 문제에 거침없이 얘기하는 나더러 표정이 영 고등학생 같지 않다며 환하게 웃곤 했다. 쉴 때면 아카시아 향기가 진동하는 집 앞의 산을 함께 거닐곤 했다. 그럴 때면 유난히 수줍음을 타는 그녀였다. 참 이상한 일도 다 있다 싶었다.

어느 날 날씨가 더운 오후였다. 그녀가 일찍 돌아와 얘기를 주고받고 있을 때였다. 그녀가 약간 긴장을 하더니 말을 이었다. 친구들이 요즘 수업만 끝나면 왜 사라지냐고 해서 집에 숨겨 둔 애인 있다고 했다는 것이었다. 약간은 이상했는데 역시 그랬구나 싶었다.

어머니가 간병을 시작한 지 얼마 후, 누나가 왔다. 걱정이 돼서 온 모양이었다. 학교 그만두더니 다 늙은 부모에게 중풍 노인 똥오줌 받아내게 했다고 바락바락 악을 썼다. 그러고는 사람 속을 확 뒤집어놓고 휑하니 가버렸다.

어쩌란 말인가.

날더러 어쩌란 말인가.

지게라도 지랴.

원통하다고 유서라도 쓰랴.

생각하는 그 마음은 접어 두더라도 속 짧은 단견이 그지없이 원망스러웠다.

무정하고도 긴긴 시간은 그래도 흘러갔다. 몇 달 후 간병을 그만두고 다시 이사를 했다. 이사를 한 뒤에 그녀가 몇 번 찾아왔다. 그럴 때마다 표정 없는 내 시선에 질렸으리라. 결심을 한 그녀의 편지에는 진한 아픔이 스며 있었다. 인간이 얼마나 이기적인가를 난 이때 절감했다.

가끔씩 서점에 들르곤 했다. 대학 입시에 대한 정보도 얻을 겸 어떤 신간이 나왔나 볼 겸 이곳저곳을 둘러보곤 했다. 현대 물리학의 두 기둥인 양자역학과 상대성이론도 이미 알고 있었고 그 과정에서 큰 공헌을 한 과학자들의 전기도 읽었다. 아인슈타인이나 보어, 하이젠베르크 등이 뛰어나 보였다.

아폴로 박사로 불리는 어느 교수의 'UFO' 라는 책은 미확인비행물체가 착각이나 기상 현상이 아니라 분명히 실재하는 것이라는 생각을 더욱더 굳혀 주었다. 뿐만 아니라 세계 강대국들이 UFO에 대한 정보를 초극비 사항으로 다뤄 공개하지 않는다는 사실이 의아스럽기만 했다. 비행접시가 종교뿐만 아니라 신화, 전설과도 깊은 관련이 있을 거라는 내 신념은 점점 더 확고해지고 있었다.

힘들 때면 여전히 산을 찾곤 했다. 여명이 터 오는 새벽녘에 중바위 높다란 바위에 앉아 명상을 하곤 했다. 산등성이로 찬연히 솟아오르는 태양은 울분을 씻어 내는 듯했다. 안개 속을 가르는 햇살은 새로운 희망처럼 빛났다. 영롱한 이슬을 머금은 길가의 잡초 역시 생명력이 꿈틀거리는 듯했다.

9월 추석에 아버지 산소에 갔다. 모처럼 나온 외출이었다. 그 당시 아침 7시에 일어나 새벽까지 책을 봤다. 낮에는 집중이 잘 되게 문에다 이불을 쳐 놓고 살았다. 하늘은 파랬고 군데군데 조각구름이 떠 있었다. 아버지는 어디에서 왔다가 어디로 갔는가. 우린 왜 존재하는가. 새삼스럽게 떠오른 문제들이었다. 정말 해답을 발견할 수 있을까. 찾을 수 있을 것 같기도 했다. 몸에 스치는 바람은 어느새 서늘해지고 있었다.

대입학력고사는 11월에 있었다. 시험은 괜찮게 봤다. 기나긴 터널을 통과한 기분이었다. 시험 끝나고 며칠 푹 쉬었다.

대입시험이 끝난 82년 12월, 눈 내리는 어느 날이었다. 여느 때처럼 서점에 들러 신간코너를 살피고 있었다. 그때 내 눈에 들어오는 책 한 권이 있었다. 그 책은 제목이 '우주인이여 나를 데려가라' 였고 끌로드 보리롱의 체험소설이라는 작은 설명이 붙어 있었다. 나중에 이 책은 '우주인의 메시지' 로 새롭게 번역되었다. 앞표지에는 하늘과 들판을 배경으로 사람의 모습이 조각되었고 뒤쪽에 한 대의 UFO가 그려진 책이었다.

어떤 책일까. 호기심에 차 책장을 한 장 한 장 넘겼다. 그런데 차례가 심상치 않았다. 특히 2장의 밝혀진 진실은 유난히 눈에 크게 들어왔다.

라엘이란 프랑스 신문기자가 1973년 12월 13일에 UFO를 타고 온 외계인을 만났다는 것이 첫 내용이었다. 첫 대면에 저자에게 구약성경을 가져오라고 한 외계인이 다음날 창세기를 설명했다는 내용이 이어졌다.

〈아득한 저쪽에 있는 나의 행성에서는 당신네들이 앞으로 도달할 과학기술의 수준에 이미 옛날에 도달했죠. 우리들은 생명을 탄생시킬 수 있는 방법을 연구했습니다. 시험관 안의 생명을 만드는 데 모두들 매달린 거죠.

과학자들이 완벽한 기술로 이상한 소동물을 창조하는 단계에까지 이르렀을 때 여론도 정부도 과학자들도 실험을 계속하는 일에 반대했습니다. 사회에 해악을 가져오는 괴물을 낳을 우려가 있었기 때문입니다. 사실 그런 동물 중에는 도주해 버린 것도 있고 몇 명은 희생되기도 했습니다.

이런 일이 추진되는 한편, 이와 병행해서 다른 행성이나 은하계의 탐사도 진전되었습니다. 과학자들은 실험을 계속하는 데 필요한 조건을 모두 갖추고 있는 행성을 찾기 위해 머나먼 우주여행을 떠나기로 했습니다. 그들이 고른 것이 바로 당신들이 살고 있는 지구입니다.

내가 당신에게 성서를 지참하도록 한 것은 성서 안에는 그와 같은 진실의 흔적이 있기 때문입니다. 다만 성서의 기술자들에게는 기술공학에 대한 지식이 결여되어 있었기 때문에 과학적으로 서술되어야 할 것들이 모두 신비적이고 초자연적인 색채를 띠어 좀 변형되어 있죠.

성서 안에서는 내가 당신에게 해석해주는 부분만이 중요하죠. 다른 부분은 시적인 소리이기 때문에 거기에 대해서는 말하지 않기로 합니다. 수천 년에 걸쳐 전해지면서 문장이 수수께끼처럼 되고 진리를 밝히는 데 도움이 되지 않게 되었음에도 불구하고, 성서를 필사할 경우 가능한 한 뜯어고쳐서는 안 된다는 정해진 규칙 덕분에 몇몇 구절 속에는 깊은 의미가 아직 남아 있죠.〉

세상에 이럴 수가. 내 두뇌는 기대와 놀라움으로 떨리기 시작하였다.

〈우선 창세기의 제1장을 펴 보도록 하세요.

한 처음에 하느님께서 하늘과 땅을 지어내셨다.(창세기 1:1)

성서에서는 엘로힘Elohim을 하느님 또는 하나님이라고 부정확하게 번역하고 있지만, 엘로힘은 히브리어로 '하늘에서 온 자들'이라는 뜻이며 복수지요. 우리들의 세계에서 도망친 과학자들은 그들의 계획을 최초로 실현할 가능성이 있는 행성을 찾아 헤맸습니다. 그들이 지구를 발견하고 그들의 행성과 대기는 같진 않지만 인공생명의 창조에 필요한 요소는 모두 갖추고 있음을 확인하고 창조작업에 들어간 것입니다.

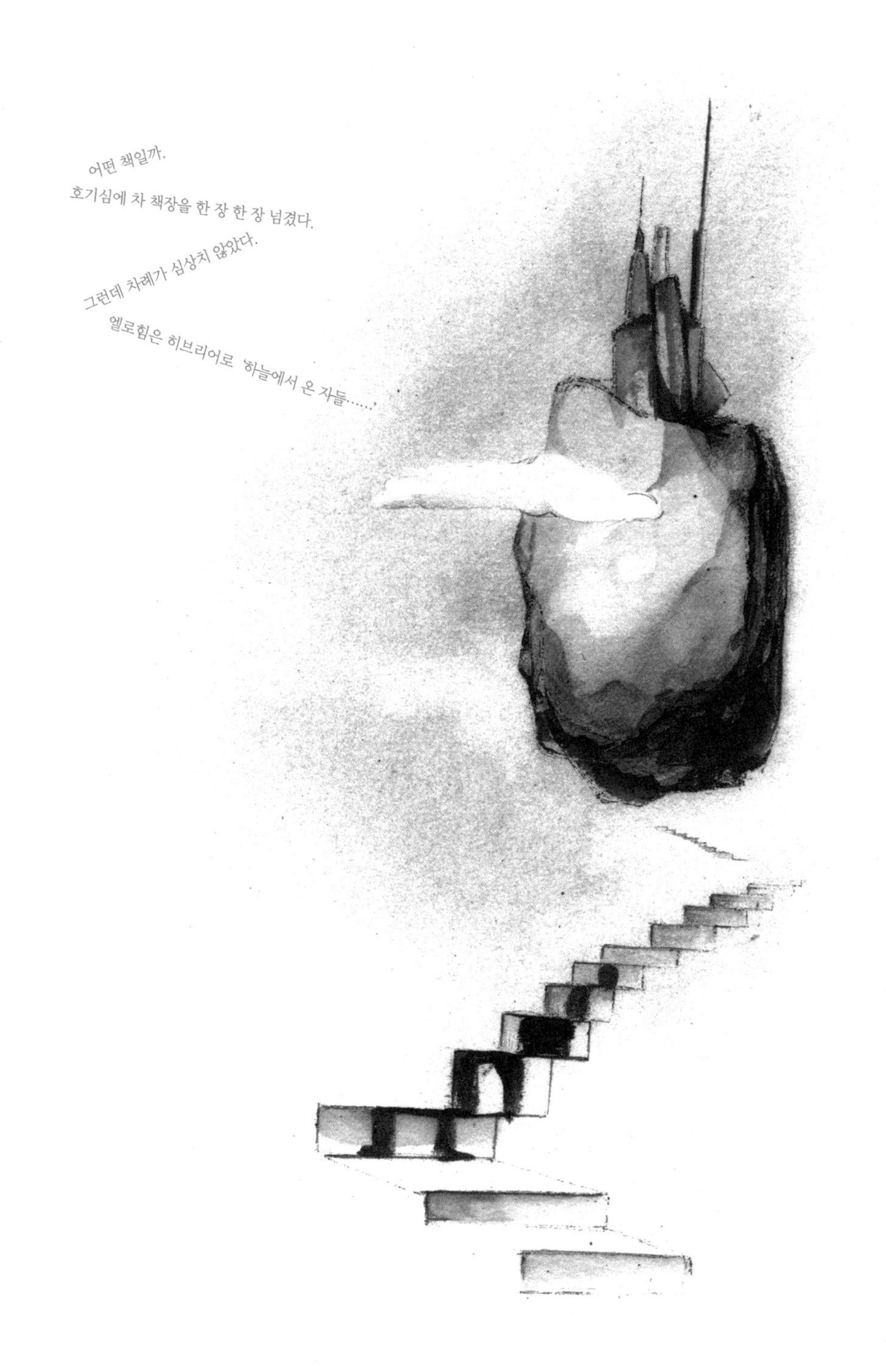

어떤 책일까.

호기심에 차 책장을 한 장 한 장 넘겼다.

그런데 차례가 심상치 않았다.

엘로힘은 히브리어로 '하늘에서 온 자들……'

그 빛이 하나님 보시기에 좋았다.(창세기 1:4)

지구상에 생명을 창조하기 위해서는 태양이 지표에 유해한 광선을 방사하고 있는지 어떤지를 알 필요가 있었습니다. 태양은 해로운 광선을 방사하지 않고 지구를 따뜻하게 한다는 것이 곧 확인되었습니다. 그 빛은 좋았던 것입니다.

하느님께서 "하늘 아래 있는 물이 한 곳으로 모여, 마른 땅이 드러나거라!" 하시자 그대로 되었다.(창세기 1:9)

대양의 해면을 조사한 후, 그들은 바닷속 조사에 착수하여 바다가 별로 깊지 않고 수심이 어디나 거의 같다는 것을 알게 되었습니다. 그래서 그들은 불도저처럼 강력한 힘을 지닌 폭약을 사용해서 바다 밑의 물질을 들어 올려 한 군데로 모아 대륙을 만들었습니다. 따라서 태초의 지구에는 원래 하나의 대륙밖에 없었죠. 모든 대륙을 서로 끼어 맞추면 하나의 대륙이 될 수 있다고 과학자들이 주장하는 것을 당신도 들은 적이 있을 것입니다…….〉

이렇게 그 외계에서 온 방문자는 하루에 한 시간씩 6일 동안 인간의 숨겨진 진실과 기원을 밝혔다. 그리고 그 외계인은 맨 마지막 날 인류의 역사가 바뀔 엄청난 부탁을 했다. 그는 자신의 부탁이 이루어지는 날 지구를 공개적으로 방문하겠다는 말을 남기고 떠나갔다.

천지가 뒤바뀌는 내용이었고 엄청난 충격이었다. 조작도 아니었고 가공도 아니었다. 20세기 후반의 한 젊은이가 꾸며 쓸 수 있는 내용이 아니었다. 인류역사 전체를 내려다본 존재가 개입하지 않고서는 정녕 가능하지가 않은 일이었다. 보편적이었고 처음부터 끝까지 일관되어 있었다. 책을 읽어 나가는 순간 그동안 쌓였던 모든 문제들이 실타래 풀리듯 풀리고 있었다. 윙윙거리며 수많은 생각들이 머릿속에 일었다가 사라져 갔다. 형언할 수 없는 기쁨에 거침없이 200여 페이지를 그대로 읽어 나갔다.

하지만 증거가 없었다. 글의 어디에도 누구나 인정하고 받아들일 만한 증거가 없었다. 그들의 부탁을 실현시키려면 대중들의 지지가 필요하고 대중의 지지를 받으려면 명백하고도 구체적인 증거가 있어야 했다. 결정적인 물증이 없는데 혼자 주장하는 바를 몇 사람이나 인정하고 따르랴. 참으로 난해하고도 어려운 일이었다. 그 뒤로 감격에 젖어 만나는 사람마다 인류에 대한 진실이 밝혀졌다고 열렬히 외쳐댔다. 내 흥분과는 정반대로 그들의 반응은 너무나 고요했다. SF소설 한 권 읽고 웬 난리냐며 오히려 비아냥거렸다. 이 와중에 대학 원서접수를 하고 면접을 봤다. 서울대학교 물리학과와 물리교육과를 지망하였다.

예언자의 노래

어느 정도 시간이 지나면서 감동이 차차 가라앉았다. 인생의 본질적인 해답을 발견했다는 것도 잠시 심대한 후유증이 닥쳐왔다. 인간이 실험실의 동물이라는 것이 말할 수 없이 기분 나빴다. 나 자신 스스로 인간은 정교한 기계라고 생각하고 있었지만 그것과는 또 다른 감정이었다.

기적적인 확률의 결과로 생명이 생겨났다는 것은 그래도 약간의 의미라도 부여할 수 있었다. 그런데 기계라니. 그것도 단지 재미있는 실험결과로 창조되었다니. 다른 건 몰라도 이것만은 인정하고 싶지 않았다. 이것이 본심이었다.

허나 어쩌랴!

본질이 그런 것을. 인정하고 받아들일 수밖에 없었다. 동시에 기존의 가치관과 자아가 와르르 무너져 내렸다. 삶도 죽음도 진실도 깨달음도 하나씩 하나씩 붕괴되었다. 둑이 무너지듯 봇물이 터지듯 모든 것이 휩쓸려 떠내려갔다. 모든 의미와 가치가 산산이 부서지고 있었다. 철저히 그것도 뿌리부터 아주 철저히 파괴되고 있었다. 대체 기계에 무슨 특별한 의미와 유별난 가치가 있단 말인가.

인간이 무엇이고 어디에서 왔는지 알려고 그토록 노력해서 무언가 잡았다고 하는 순간 아무 것도 없다니. 너무나 황당했다. 아니 황당하다 못해 어처구니가 없었다. 손을 펼 수도 오므릴 수도 없었고 구부릴 수도 뒤집을 수도 없었다. 손을 쓸 수가 없었고 어찌 해볼 도리가 없었다.

모든 게 현상이었다. 그냥 존재하는 현상이었다. 수많은 현상들이 그냥 널려 있는 것 그것이 전부였다. 그건 절망이 아니라 전율이었다. 차라리 절망이었다면 절망 속에서 희망이라도 찾을 수 있으련만. 희망도 절망도 없었다. 모든 게 없었다. 법칙도 없었고 본질도 없었고 실체도 없었다. 없다는 것도 없는 그냥 그런 거였다. 깨달음도 의미도 발전도 없었다. 다 없었다.

십 년을 사는 것이나 백 년을 사는 것이나 무엇이 다르랴. 수많은 사람에게 봉사한 슈바이처나 수백 만 사람을 사지로 몰아넣은 히틀러나 무엇이 다른가. 인간이 핵전쟁으로 멸망하든 폭력성을 극복하고 새로운 낙원을 만들든 무슨 차이가 있는가. 인간은 기계일 뿐이고 단지 그런 현상들이 있을 뿐인 것이다. 인간이 멸망하든 안 하든 태양은 지금처럼 빛날 것이고 지구는 여전히 우주를 돌 것이다.

모든 것이 헛되고 헛되었다. 참으로 허망했고 허무했다. 현상들 간에는 본질적으로 아무런 차이가 없었다. 모든 것이 원자 덩어리였고 현상은 원자들의 반응일 뿐이었다. 인간도 돌멩이도 쓰레기도 모두 원자의 집합체였다. 어떤 원자가 다른 원자보다 더 근본적이라는 것이 성립되지 않는데 어디에서 인간의 의미를 찾는단 말인가. 더 우월한 현상이 어디에도 없는데 대체 무얼 의지하며 살아간단 말인가. 인간이 구르는 돌멩이나 버려진 쓰레기와 하등 다를 바가 없었다.

그것은 벽이었다. 거대한 존재의 벽이었다. 궁극적인 존재의 벽이었고 현상의 심연이었다. 궁극의 벽에 정면으로 맞섰을 때 인간은 너무나 초라했고 무한을 들여다보았을 때 남는 것은 아무것도 없었다. 그것은 전율이었다. 표현하기 힘든 어떤 전율이었다.

이 소용돌이 속에서 대학에 들어갔다. 어머닌 나중에 서울로 올라오기로 하고 난 먼저 봉천동에 잠시 머물고 있었다. 관악구청 고개 너머에 학교는 있었다. 입학식에는 가고 싶지도 않았고 새로운 생활에 대한 기대도 설렘도 없었다. 관악산 기슭에 자리 잡은 대학교는 첫인상부터 삭막하였다. 정문에 있는 '샤' 자 형태의 짙은 곤색의 철골로 된 상징이

괴이하기 짝이 없었다. 어찌 그런 것을 진리탐구의 표상으로 내다 걸었는지 알다가도 모를 일이었다.

대학생활은 적응이 어려웠다. 1년 정도 혼자 지낸 탓도 있었으리라. 하지만 무엇보다 존재의 허망함이 날 짓누르고 있었다. 허무감에 싸여 관악구청 고개를 겨우겨우 넘어 다녔다.

너무나 힘들고 괴로웠다. 삼사 년 동안에 폭풍처럼 몰아닥친 갈등과 고뇌는 생의 의지를 고갈시키기에 충분했다. 스무 살의 한 젊은이가 감당하기에 그 무게는 너무나 벅찼다. 몸과 마음은 지치고도 지쳤다. 어디에도 기대고 쉴 곳은 없었다. 무엇을 얻으려고 번민하고 괴로워했는지 왜 그래야 했는지 나 자신도 몰랐다. 남는 것은 망가진 정신과 고통스러운 현실뿐이었다. 오직 고통만 남아 있었다.

쓰디쓴 현실을 그만두고 싶었고 모든 것을 잊고 싶었다. 모든 것을 잊고 생의 무대에서 사라지고 싶었다. 방황과 고독 속에서 해방되어 나라는 존재를 영원히 지우고 싶었다. 삶도 죽음도 하나의 현상에 불과한 것이었다. 정녕 그러리라. 죽음을 정면에서 응시하는 것이 공포스럽지 사실 죽음 자체는 별것 아니리라. 며칠 전에도 한 젊은이가 독재정권에 항거하는 표시로 도서관 옥상 위에서 뛰어내려 꽃잎처럼 스러져갔다.

하나의 끝이 저 앞에 놓여 있었다. 결행하면 마감되리라. 이 갈림길에서 생을 놓아주지 않았던 것은 그건 불쌍함이었다. 어머니에 대한 연

민과 안쓰러움이었다. 하잘것없는 내 목숨은 하나가 아니라 둘이었다. 보이지 않는 끈에 연결된 그 줄을 차마 끊을 수가 없었다.

허무감과 괴로움에 찌들고 또 찌들었다. 고통스러운 현실을 잊기 위해 술을 퍼마셨다. 깡소주 몇 병을 들이키고 그대로 인사불성이 되었다. 그전에도 가끔 울분에 싸여 폭음을 하곤 했다. 머리가 빠개지는 고통에 눈을 떠보니 현실은 그대로였고 변한 것은 없었다. 술은 아무 해결책도 어떤 도움도 못되었다. 이 뒤로 폭음을 끊었다. 이쯤에 어머니와 식구들이 올라왔다. 봉천동에 방 두 개짜리 전세를 얻었다. 학교를 그만 두겠다고 했더니 모두 펄쩍 뛰었다. 하는 수 없이 휴학을 했다.

얼마를 집안에 처박혀 있었다. 나가야 했다. 밖으로 나가서 움직여야 했다. 공장이 많다는 구로동 공단 5거리에 갔다. 공장벽과 게시판 곳곳에 구인광고가 더덕더덕 붙어 있었다. 나를 필요로 하는 데가 있다는 것은 조금이나마 위로가 되었다. 메모를 해 여기저기 들렀다. 어떤 곳은 대학생을 받지 않는다고 했다.

3공단에 있는 어떤 광학회사에 들어갔다. 안경알과 카메라렌즈를 만드는 회사였다. 1층 작업실에서 렌즈 깎는 기계에 물주고 돌리는 일을 했다. 일과 후에 밤 9시 넘어 이어지는 잔업이 1주일에 절반을 넘었다. 또 한 달에 일요일도 일하는 특근이 두세 번 있었다. 일은 고되고 힘들었다. 하지만 육체의 힘듦 속에 정신은 상대적으로 여유를 찾고 있었다. 허무하다는 것 역시 허무했으니 특별히 어떤 것에 집착할 필요도 없었다. 모든 것이 현상에 불과했으니 사는 것 역시 나쁠 것 없었다.

그 뒤 몇 개월 더 다니다 육체적으로 힘들어 그만두었다. 정신적으로 어느 정도 안정이 되면서 조금씩 활기를 회복하였다. 새로운 활력을 되찾으면서 무너진 폐허 위에 의미와 가치를 하나씩 쌓기 시작했다. 그 전보다 훨씬 튼튼하고 굳건한 성이었다. 분명한 건 인생은 논증 불가능이었다. 다만 삶은 우리가 의미를 부여하는 만큼 가치를 갖는다는 무엇보다 소중한 결론을 얻게 되었다.

이듬해 복학했다. 관악산에 봄은 왔건만 아직 봄은 봄이 아니었다. 간간이 외치던 군사파쇼정권을 타도하자는 소리가 조금씩 커지고 있었다. 독재타도를 외치며 젊은 생명들은 꽃다운 나이에 투신과 분신으로 스러져갔다. 철권 같은 공포정치와 침묵하는 사회에 젊은이들은 스스로 그들의 생명을 제단에 바치곤 했다. 그래서 자유와 민주주의는 피를 먹고 자란다고 했던가. 나 역시 비겁자인 것 같아 괴로웠다. 다른 대부분의 학생들도 마찬가지였으리라. 무엇보다 안쓰러웠던 것은 숨져간 그들의 부모였다. 겪어 보지 않으면 그 고통을 모르리라.

민주화의 외침이 분수처럼 뿜어져 나온 총선 이후로 학생들의 시위는 나날이 치열해지고 있었다. 정부의 학원 탄압과 경찰의 진압도 더욱

더 폭압적이 되어가고 있었다. 아크로폴리스에서 집회가 있을 때면 광주학살원흉 처단하자는 휘장이 핏빛으로 휘날리곤 했다. 교문 밖 진출을 시도하는 시위대를 최루탄과 가스 등 온갖 장비를 갖춘 경찰이 저지하였고 이에 학생들은 돌과 화염병으로 맞섰다. 최루탄과 화염병으로 뒤범벅이 된 정문을 눈물, 콧물을 흘리며 넘나들었다.

대학 전체에 시국토론이 여러 번 반복되었고 전체적인 수업 거부가 몇 번 있었다. 대학은 진리탐구의 경연장이 아니라 청춘의 불사름이었고 캠퍼스는 더 이상 청춘의 축제가 아니라 고뇌의 무대였다. 모두가 희생자요 시대의 피해자였다.

그 당시 학생회관 본관에는 서클이 많이 있었다. 대부분이 이념서클이었고 일부의 종교 서클이 있었다. 그 중에 증산도교가 있었다. 서클룸을 찾아가 대화도 하고 경전도 읽었지만 교리 내용은 동의할 수 없는 것이었다. 앞으로 한반도가 세계의 종주국이

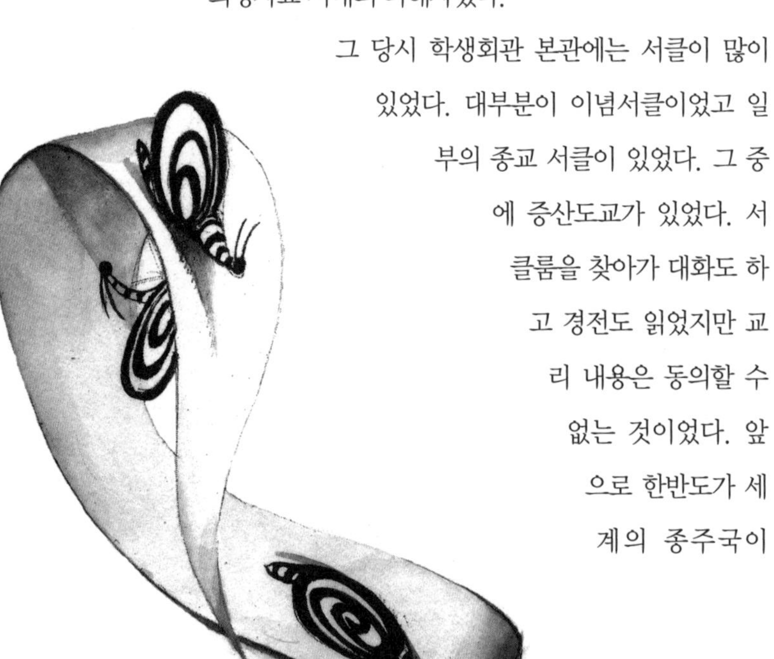

되고 인류를 이끌어 가게 된다는 주장은 한 많은 사람들의 외침으로만 들렸다. 명백히 서양이 세계를 주도해 왔고 현재의 초강대국은 분명 미국이었다. 분단된 조그만 이 땅 어디에서 세상을 이끌 역량이 나오랴. 이리 치이고 저리 치인 못난 민족이 한민족 아니었던가. 과대망상으로만 들릴 뿐이었다.

그쯤에 단학이 사람들의 관심을 끌었다. 광화문 어느 강연회에서 만난 우학도인은 단정했고 겸손했다. 백발 같은 긴 수염이 자연스러운 미소와 더불어 신비스러운 분위기를 자아내고 있었다. 한반도에 최대의 천운이 돌아왔다는 백산대운과 황인종과 백인종의 세계사적 임무교대를 주장하는 황백전환은 단아한 모습에 비해 어색하게만 보였다.

한반도에서 새로운 세상이 열리고 한국이 세계의 중심국이 된다는 주장은 참으로 반가운 일이었다. 말 그대로만 된다면 얼마나 좋으랴. 나 역시 한국에 살고 있는 이상 나쁠 게 없는 얘기였다. 하지만 말 몇 마디로 세상이 바뀔 일은 아니었다. 책 몇 권으로 몇몇 사람의 주장으로 세상이 뒤집어질 수는 없는 일이었다. 어떤 사상으로 무슨 철학으로 세계의 역사를 바꾸고 세상을 이끌어간단 말인가. 어떤 힘이 있고 무슨 역량이 있어 세계를 통일시키고 새로운 역사를 창조해나간단 말인가.

좁은 한반도를 이리저리 따져보고 살펴봐도 아무래도 가능한 일이 아니었다. 단학 붐이 아무리 일어나도 어둡디 어둔 역사를 살아온 한민족에게 도저히 일어날 수 있는 일이 아니었다.

호기심이 많은 몇몇 학생들과 함께 기를 수련했다는 어느 명상가를 초청했다. 지도교수도 있었고 여러 학생들이 참여해 연구회지가 몇 회 나오기도 했다. 상당수의 학생들이 단전호흡 실습에 참여했으나 3개월쯤 후의 '기' 실험은 별다른 성과가 없었다.

물리교육과에 키가 자그마하고 이목구비가 뚜렷한 한 교수님이 있었다. 그 당시에 40대 중반쯤 되었다. 난 일반물리와 양자역학을 배웠고 과학과 동양철학의 연관성에 대해서도 배웠다. 차분하고 핵심을 찌르는 강의였고 매우 정적이었다. 동양의 정신세계와 불교에 관심이 많아 보였다. 불경이나 역경, 도덕경 등의 한 구절씩을 한자로 써 놓고 강의를 시작하곤 했다. 몇몇 학생들에게 질문을 한 후에 차분한 목소리로 자신이 풀이를 하곤 했다. 그럴 때면 강의실은 쥐 죽은 듯 조용해졌다.

아마 3학년 양자역학 시간이었으리라. 여느 때처럼 그때도 한자구절로 시작되었다. 질문과 답이 오간 후 이윽고 설명이 이어졌다.

"一始無始一 一終無終一"

"……."

"……."

"이건 천부경의 한 구절이야. 하나의 시작은 시작하는 하나가 없고, 하나의 끝은 끝나는 하나가 없다라는 말이야. 음미하면 할수록 심오한 뜻이지."

모두들 숙연해졌고 다음 한마디를 놓칠세라 숨을 죽이고 있었다. 잔뜩 분위기를 잡은 다음 쫙 가라앉은 목소리로 말을 이었다. 강의실은 한층 경건해졌다.

"성인의 말씀이지. 천부경, 불경, 성경, 도덕경 다 성인의 말씀인 거야. 이처럼 성인의 말씀에는 모두 경이 붙는 거야."

바로 그 순간 뎅기의 한마디가 허공을 가로질렀다.

"그럼 월경은요?"

삽시간에 강의실은 온통 폭소의 도가니로 변해버렸다.

"깔깔깔"

"호호호"

"핫핫핫"

"히히히"

"허허허"

한참동안 웃음이 그치질 않았다. 나도 낄낄거리며 웃어제꼈다. 깔깔거리는 우리 모두의 박장대소가 유리창을 푸르게 수놓고 있었다.

창조와 진화를 논하다

그해 5월은 쾌청했다.

캠퍼스의 하늘은 산뜻했고 관악산 계곡의 녹음은 나날이 짙어가고 있었다. 그 날도 캠퍼스의 잔디밭에서 몇몇 친구들과 토론을 하고 있었다. 바람은 살랑거리고 가녀린 이파리들은 새색시 볼처럼 물드는 늦은 봄 어느 날이었다.

"인류에게 처음부터 커다란 수수께끼가 주어졌어."

내가 말했다.

"거 무슨 말이야. 수수께끼라니?"

한 친구가 말을 받았다.

"그래, 인간이 어디에서 왔는가라는 근본 말이야. 이게 진짜 문제 중의 문제지. 생명의 비밀이라는 근원적인 문제이자 풀리지 않는 수수께끼야. 우린 우리가 어디에서 왔는지 확실히 모르고 있어."

내가 말을 이었다.

"생명은 하나님이 창조했어. 성경에 나와. 하나님이 인간과 온갖 생물을 6일만에 만들었다고 다 나와. 신이 흙으로 인간을 빚은 다음 생기를 불어넣은 거야. 생명의 근원은 이미 성경에서 다 밝혀놓았는데 뭘 모른다는 거야."

기독교를 믿는 친구가 확신에 찬 어조로 말했다.

"하나님이라고? 하나님이 뭐지. 하나님이나 신이 뭐냔 말이야."

내가 그 친구를 응시하며 되물었다.

"성경을 봐. 성경은 성부, 성자, 성령의 삼위일체 하나님이 어떤 분이신가를 계시해주는 말씀이야. 하나님은 태초에 말씀으로 천지를 창조하신 전능한 분이셔. 신은 뭐든지 다할 수 있고 모든 곳에 계시는 무소부재하신 존재지. 그 하나님이 인간을 사랑하사 독생자 예수를 보내 믿는 자마다 구원을 얻을 수 있게 해주신 거야……."

기독교의 교리가 언제까지 계속될지 모를 지경이었다.

"가만, 잠깐 보자고. 그렇게 말하면 너무 길어져. 잠시 쉬면서 하나하나 짚어보자고. 신이 말씀으로 천지를 창조하셨다고? 그럼 말이야, 하나님이나 신이 입과 혀가 있다는 말이잖아. 그리고 입과 혀가 있으면 얼굴도 있다는 건데, 그럼 하나님 얼굴이 어떻게 생겼다는 말이지."

내가 도중에 끼어들며 물었다.

"어떻게 생겼냐고?"

독실한 신자인 친구가 할 말을 잃은 듯 중얼거렸다.

"그래, 얼굴 말이야. 신의 얼굴이 어떻게 생겼냐는 거야."

내가 즉시 되물었다.

"……."

"창세기 1장에도 얼굴과 모습이 나오지. 우리가 우리의 모습대로 사람을 만들었다고 말이야. 분명 성경이야. 모습이란 명백히 형태를 말하는 거니까 머리와 팔다리가 있다는 얘기가 아니겠어. 그래 하나님이 대체 어떻게 생겨먹었냐는 거야."

"……."

"……."

잠시 침묵이 흘렀다.

"그래, 성경은 해석을 제대로 해야 돼. 잘못하면 엉뚱한 얘기가 되지. 그래 해석이 여러 가지고 다양한 교파가 생겼어. 하나님은 영이니까 형태가 없어. 신은 비물질적인 영적인 분이셔. 신이 인격체라는 건 하나님이 생각하고 말하고 의식할 수 있는 정신과 영을 갖고 계시다는 뜻이지 우리 인간들처럼 육체가 있다는 게 아니야. 우리 인간은 정신과 육체가 있어 실수하고 잘못하지만 하나님은 비물질적인 영이니 오류가 없는 절대적인 분이야."

한참을 생각한 그 친구가 다시 입을 열었다.

"아냐, 난 이해가 안 돼. 모습이 모습이지 다른 뭐라고. 그게 억지로 우기는 거지 말이 되는 소린가. 이치에 맞지도 않고 앞뒤가 맞지도 않아."

내가 다시 강하게 반문했다.

"종교는 믿는 거지. 그렇게 따지면 못 믿어. 왜 그리 꼬치꼬치 따지는 거야. 중요한 건 하나님과 인간의 관계는 창조주와 피조물의 관계임을 믿는 거야. 그리고 예수 그리스도의 죽음과 부활과 승천 그리고 재림을 믿는 거야. 우리가 이걸 믿고 예수님을 받아들이고 영접하면 믿는 자마다 구원을 얻을 수 있어."

교회를 다니는 다른 친구가 나서며 입을 떼었다. 이 친구는 아주 어렸을 때부터 교회에 다녔다 한다. 기타도 잘 치고 예술적 감수성이 아주 풍부한 사람이었다. 여럿이 가담하면서 토론은 점차 열기를 내뿜으며 뜨거워지고 있었다.

"믿는 것이 종교라고. 무조건 믿는 게 종교라는 말이지. 난 그렇게 생각 안 해. 종교란 근본을 아는 것이지 믿는 게 아니야. 근본을 아는 게 쉬운 일이 아니니 당연히 종교를 제대로 아는 게 결코 쉬운 일이 아닌 거야."

내가 주위를 돌아보며 말했다.

"우린 믿어야 돼. 믿어야 구원된다고. 내 자신이 구원을 얻어 천국에 가는 게 중요한 게 아니겠어. 그런데 그 길은 오직 예수 그리스도를 통해서만 이루어지는 거야. '내가 곧 길이요 진리요 생명이니 나로 말미암지 않고는 아버지께로 올 자가 없느리라' 라는 말 알잖아. 우린 예수님을 믿으면, 아니 믿어야만 구원받을 수 있어."

교회의 교리를, 오랜 신자인 또 다른 친구가 힘주어 말했다. 그는 키가 컸고 평소 말이 적었다. 오늘따라 강하게 입을 열었다.

"좋아, 천국! 좋은 말이지……. 하늘 천天에 나라 국國. 하늘에 있는 나라라는 말이잖아. 그럼 그 천국은 달이야 화성이야 목성이야. 하늘나라라는 건 어디를 말하는 거야. 예수님이 천국으로 올라갔다고 했지. 대체 그놈의 천국이 하늘 어디에 있다는 거냐고."

내가 다시 물었다.

"아까도 얘기했잖아. 하나님이 영적인 존재인 것처럼 천국도 물질적인 땅을 의미하는 게 아니야. 천국은 영적인 장소를 말하는 거지 단순한 자연적 공간적 차원에서 저 높은 하늘로 올라갔다는 말이 아니야. 하늘로 올라갔다는 말은 질적 표상을 바꾸어 표현한 것이며 하나님의 영역으로 들어간 것을 뜻하는 거지 현실적인 거리를 말하는 게 아니야."

그 교리가 다시 튀어나왔다.

"또 나왔구먼. 영적이라는 그 말 말이야. 영적이니 초월이니 하는 데 영이 뭐고 초월이 뭐냔 말이야. 그 말들이 무슨 뜻이고 무얼 의미하는 거냐고. 과연 우리가 그 의미를 제대로 알고나 사용하는지 모르겠어. 예수님이 승천해서 천국으로 갔다고 했지. 그게 사실이면 그럼 하늘에 있는 어떤 별로 간 거야. 그게 진실이고 사실이야. 그래야 이치에 맞고 간단하잖아. 간단하고 쉽다는 건 중요한 거야. 옛날 사람들은 하늘과 땅의 법칙이 다르다고 여겼어. 신들이 하늘의 천장에다 별들을 매달아 놓았고 코끼리 세 마리가 지굴 받치고 있다고 믿었어. 하늘에 있는 건 영원하고 변치 않고 둥근 원운동만 한다고 생각했지. 그래 하늘에 있는 건 완벽하고 초월적이지만 땅에 있는 건 물질적이고 불완전하다고 했어. 하지만 오늘날 보라고. 케플러, 갈릴레이, 뉴턴 같은 위대한 과학자들 덕분에 우린 하늘과 땅의 법칙이 같다는 거를 알고 있잖아."

내가 평소의 생각을 말했다. 잔디는 푸르렀고 햇살은 그지없이 따사로웠다. 계절의 여왕답게 덥지도 춥지도 않을 때였다. 바람에 작은 요정들처럼 흔들리는 이파리 밑에서 우린 토론하고 논쟁했다.

"……."

"……."

기독교를 믿는 친구들이 잠시 말이 없었다. 반론을 찾는 듯했다.

"종교는 과학과는 달라. 당연히 다르지. 과학은 시대에 따라 변하고 달라질 수 있지만 종교는 변하지 않아."

여러 신자 중 한 친구가 입을 열었다.

"왜 다르지. 종교와 과학이 다른 이유가 뭐지?"

내가 바로 따져물었다.

"종교는 정신과 영혼을 다루고 과학은 물질을 다루니까 다르지. 종교와 신학은 계시나 자신의 종교적인 체험을 연구하고 과학은 물질과 힘과 운동을 다루기에 같을 수가 없지."

정신과 물질이 또 나왔다.

"글쎄, 그냥 그런 의견이 있는 거야. 과학과 종교가 다르다는 관점이 있는 거에 불과한 거야. 근데 내가 보기엔 아니야. 과학과 종교가 같아. 천상과 지상의 법칙이 같은 것처럼 과학과 종교가 동일한 거야. 그 뿌리가 같고 목적이 같고 하는 게 같아."

내가 목소리를 높여 말했다.

"아니, 종교와 과학이 같다고. 그건 위험한 생각이야. 수천 년 동안 수많은 사상가, 철학자, 종교가들이 종교와 과학이 다르다고 했는데 그처럼 무모한 주장을 하면 어찌되나. 말도 안 되는 소리야. 둘 다 서로 영역이 다르고 종교는 신성한 영혼을 다루는 건데 어떻게 종교와 과학이 같다고 할 수 있나."

"우리가 과학을 공부하지만 종교는 과학과 다른 거지. 같다는 주장을 어찌 그리 쉽게 하나. 같다는 말은 전통을 무시하고 근거도 없는 말이야. 그리고 아주 위험한 주장이야."

"그런 말은 옛날 같으면 이단이고 박해를 받았을 거야."

기독교를 믿는 친구들이 일이라도 난 것처럼 여기저기서 말했다.

"놀랠 거 없어. 난 당연한 주장을 하는 것뿐이야. 자 종교든 과학이든 누가 하나. 다 사람이 하고 다 사람인 우릴 위해서 있는 거야. 손으로 하는 것이나 발로 하는 것이나 다를 게 뭐가 있나. 손으로 하면 정신이고 발로 하면 물질인가. 정교함의 차이가 좀 있을 뿐이지 결국 같은 거잖아. 종교는 근본을 아는 거고 과학은 관찰과 실험을 통해서 제대로 아는 거야. 그래 결국 둘은 같고 하나야. 과학은 곧 종교와 같아."

내가 이어서 말했다. 근데 아까부터 웬 낯선 사람이 조금 떨어진 나무 옆에서 우리들의 대활 듣고 있는 것 같았다. 토론내용에 깊은 관심을 나타내는 모습이었다.

"위험한 주장이라도 그러네. 근거도 없고 말이야. 세상이 보이는 세계와 보이지 않는 세계로 되어 있어. 눈에 보이는 것만 믿지 말라고. 보이지 않는 딴 세계가 있어. 과학은 보이는 물질세계를 다루지만 종교는 보이지 않는 영의 세계를 믿는 거야. 그 세계가 바로 신의 세계라고."

한 친구가 말을 받았다.

"보이지 않는 세계라, 안 보이는 세계란 말이지. 그럼 말이야…… 그게 혹시 공기를 말하는 건가. 공기 안 보이잖아."

내가 되물었다.

"그런 물질적인 차원 말고. 공기가 어째 신인가. 신은 산소나 질소와 같은 물질이 아니지. 암 당연히 아니지 말고. 신은 보이지 않는 초월적인 대상을 말하는 거야. 우리 인간이 얼마나 나약한가. 나약하고 유한한 우리 인간은 모든 곳에 계시는 전능한 신을 믿고 의지해야 돼."

키 큰 친구가 대답했다.

"보이지는 않는데, 공기는 아니단 말이지. 안 보이는데 모든 곳에 있고 말이야. 그럼 말이야…… 그게 진공이겠구먼. 신이 진공 아닌가."

내가 다시 물었다.

"……."

"……."

잠시 침묵이 흘렀다.

"아까도 말했지만 공기나 진공이 아니라니까 자꾸 그러네. 그런 말은 신이나 종교를 모독하는 거야. 모든 곳에 계시는 영적인 존재를 말하는 거지. 그런 공기나 진공 같은 저차원의 물질세계를 말하는 게 아니라고."

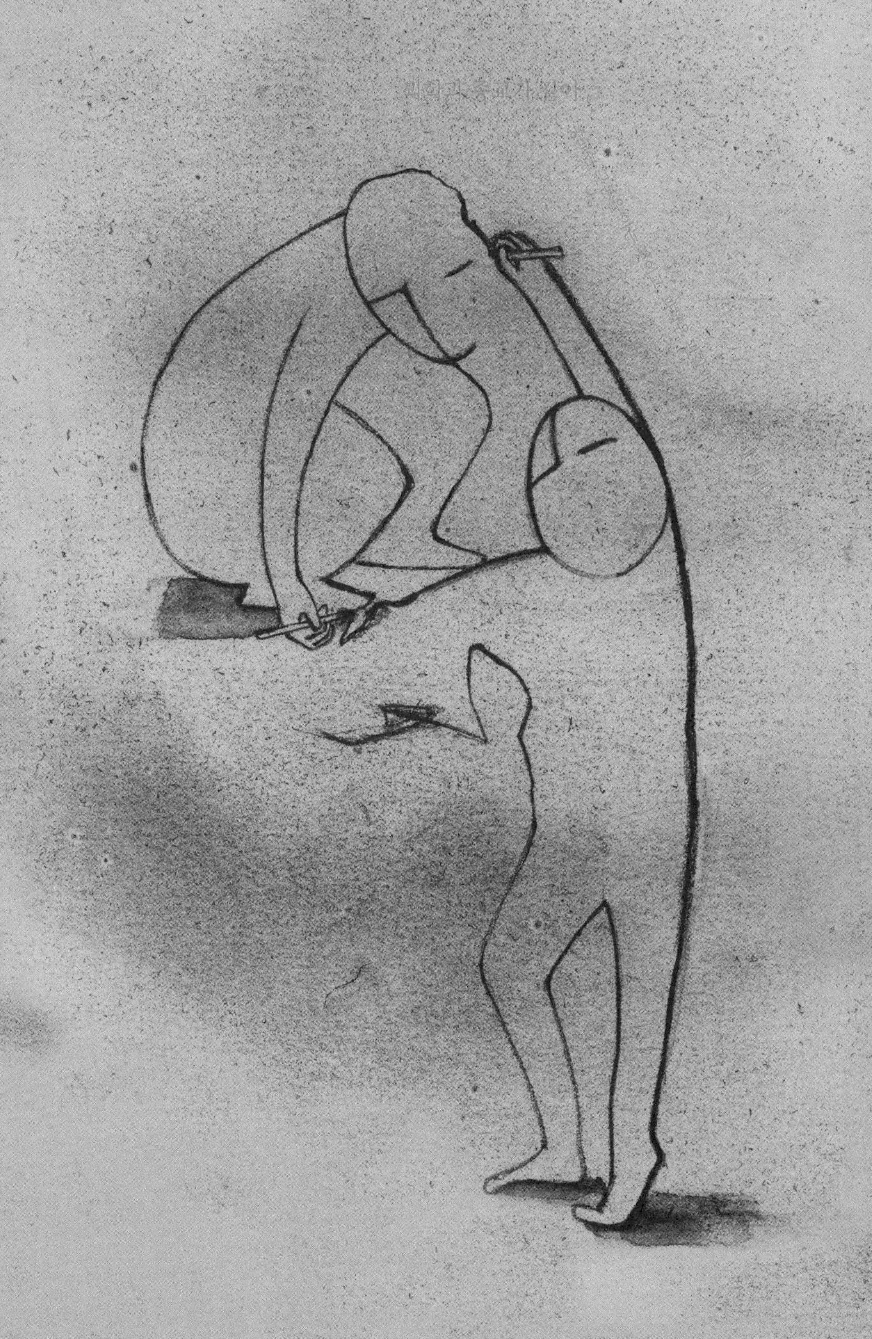

신앙이 두터운 친구가 다소 퉁명스럽게 말했다.

"난 도저히 이해가 안 돼. 공기도 아니고 진공도 아니고 대체 뭐를 말하는 건가."

내가 다시 말했다.

"신은 이해하는 게 아니라 믿는 거야. 신은 느끼고 믿어야 하지 따져서는 믿을 수 없어."

그 친구가 말을 받았다.

"그 말은 그냥 믿는다는 것을 믿는다는 말에 지나지 않아. 믿는다는 단어에 불과하니까 아무런 뜻도 없어. 여기서 중요한 건 우린 신을 알 수 없다는 거야. 결코 알 수 없어. 모든 곳에 있는 전능한 신이란 아무런 뜻도 없는 단어에 불과하니까 말이야. 자 생각해보자고. 여기 우리 앞에 만질 수도 없고 느낄 수도 없고 냄새도 맡을 수 없는 향수가 새로 나왔어. 최고의 신제품이지. 암 두말할 필요없는 최고의 제품이구말구. 근데 과연 이 향수가 있냔 말이야. 우리가 어떤 방법으로든 알 수도 없고 느낄 수도 없다면 그건 없는 거야. 신은 이 향수와 같아. 향수가 없는 것처럼 신도 없는 거야."

내가 확신에 찬 태도로 말했다.

"그래, 신은 우리가 알 수 없기에 과학적 대상이 아니라는 말은 맞아. 허지만 과학과 종교가 같다는 말도 너무 극단적이야. 둘은 서로 영역이

다르다고 생각해. 신이 근거가 없듯 엘로힘을 만났다는 라엘 얘기도 근거가 없는 건 마찬가지야. 혼자 만났고 아무런 증거가 없잖아. 사진이 있나 아니면 지구에 없는 어떤 물질을 가져왔나. 신이나 외계인이나 다 입증할 만한 증거가 없고 환상이야. 하지만 진화는 사실이야. 화석이 있고 현실이 진활 보여주고 있잖아."

진화를 믿는 친구가 주장을 펴며 끼어들었다. 그 친군 침착하면서도 날카로운 성격이었다. 진활 믿는 친구가 가세하면서 토론은 무르익어 가고 있었다. 토론과 논쟁 사이를 오가며 대화는 정오의 햇살처럼 뜨겁게 달아오르고 있었다.

"진화는 사실이 아니라 이론이지. 그것도 증거가 부실하기 이를 데 없는 가설에 불과해. 증거가 없어. 아무런 증거도 없고 근거도 없는데 진화했다고 믿는 거에 불과한 거야."

내가 진활 믿는 친구를 쳐다보며 말했다.

"진화의 증거가 없다고. 그게 무슨 말이야."

그 친구가 의아스럽다는 표정으로 말했다.

"그래. 명백히 증거가 없어. 단지 진화했다고 생각하는 것뿐이야."

내가 바로 말을 받았다.

"아니, 그게 무슨 말이냐고? 화석도 있고 돌연변이도 있고 흔적기관도 있는데 말이야. 그 외에도 생물학자들이 증명해놓은 수많은 증거들이 있는데 없다는 건 말이 안 되는 소리야. 화석은 단순한 생물이 고등 생물로 진화하는 걸 여실히 보여주고 있어. 생물학계에서는 태양이 뜨고 지는 게 사실인 것처럼 진화도 사실이라고 하고 있잖아."

진활 믿는 또 다른 친구가 말했다. 그는 얼굴에 부드러운 미소가 항상 가득했다. 바둑도 두고 소설도 읽으며 하루하루를 즐겁게 사는 사람이었다.

"진화가 사실이라고 주장하지만 그런 주장이 있는 거에 지나지 않아. 사실이 뭐야. 어느 누가 보아야 사실이 되는 게 아니겠어. 누군가 수십억 년 산 사람이 있어 쭉 지켜보았다면 사실이지. 그렇지 않다면 어찌 되었든 간에 추측이고 가설이야. 난 말이야. 수십억 년 산 사람이 있다는 걸 들은 적도 없고 본 적도 없어. 또 그 화석 말이야. 새로운 종이 갑자기 완벽한 형태로 출현하고 중간종도 없어. 이건 모두 진활 부정하는 거지 지지하는 게 아니야. 우리가 화석에서 알 수 있는 건 단지 단순한 화석이 먼저 존재했었다는 사실일 뿐이야. 그게 다야. 우린 누구도 무엇이 옳은지 확실히 모르고 있는 거야."

내가 단호히 말했다.

"……."

진활 믿는 친구가 잠시 말이 없었다.

"……."

잠시 정적이 흘렀다.

"우리가 박물관에 가면 말이야. 해시계, 추시계, 손목시계, 그리고 전자시계가 쭉 있잖아. 자 이게 저절로 깎이고 조립되어 진화되었나. 아니면 공장에서 차례로 만들었나."

내가 물었다.

"무생물과 생물을 바로 비교하면 안 되지. 시계는 무생물이니까 진화가 안 되지. 살아있는 생물만 진화하는 거야."

그 친구가 담담히 말했다.

"무생물은 진화가 안 되고 생물은 된다고? 자 그럼 보자고. 뭐가 생물이고 뭐가 무생물이지?"

내가 다시 물었다.

"그것도 모르나. 당연히 살아있는 게 생물이지."

그 친구가 퉁명스럽게 대꾸했다.

"그래, 그렇지. 바로 살아있는 게 생물이야. 근데 살아 있는 게 뭐지. 살아 움직인다는 건 상상할 수도 없이 복잡한 거야. 바로 정교함과 복잡함이 생물과 무생물을 가르는 분수령이 되는 거야. 그럼 이제 무생물과 생물을 차례차례 비교해보자고. 똑같은 무생물이라도 움직이는 무생물을 만들기가 더 어려워. 스스로 알아서 움직이는 자동 자동차 만들기가 보통 자동차보다 훨씬 더 어려운 것처럼 말이야. 그럼 말이야 생물처럼 스스로 자라고 성장하는 자동차는 만들기가 더 어렵겠지. 보통 자동차와 자동 자동차, 그리고 생물 자동차 중에서 만들기 제일 어려운 건 생물 자동차가 되는 거잖아. 이건 결국 가장 간단한 보통 자동차는 우연에 의해 조립되는 게 불가능한데 극도로 복잡한 생물자동차는 저절로 만들어진다는 얘기가 되는 셈이지. 명백한 모순이야. 이처럼 앞뒤가 맞지 않는 소리가 어떻게 과학이 되냔 말이야."

"……."

"……."

미풍은 부드러웠으나 토론은 열기를 더해갔다. 토론이나 논쟁을 할 때면 난 혼자였다. 거의 언제나 그랬다. 그래 진리는 섬에서 걸어온다 했던가.

"여태껏 밝혀진 진실은 세포는 세포에서 온다는 거야. 지구상에 있는 그 어떤 세포도 앞선 세포가 있어야 만들어지기에 말이야. 이게 명백한 생명의 법칙이자 원리야. 생명은 생명에서 와. 진흙과 물이 결합해 세포가 된 적이 결코 없었기에 말이야. 결국 신도 아니고 진화도 아니야. 우리에겐 종교와 과학을 아우르는 새로운 대안이 필요해. 또 그게 불가능한 것도 아니고 말이야. 우린 우리 자신의 근본을 단순하면서도 쉽게 밝힐 수 있는 그런 원리를 찾을 수 있어."

내가 말을 마치는 순간 바로 그때였다. 나무 옆에서 듣고 있던 낯선 그 사람이 다가왔다. 그는 반팔 차림에 가방을 끼고 있었다.

"잠깐 실례하겠습니다. 방해가 안 될는지요."

그가 미소를 띠고 말했다.

"괜찮습니다. 무슨 일인지요."

내가 나섰다.

"요 옆 건물인 25동의 천문학과 4학년입니다."

"전 물리과인데 25동이면 같은 건물입니다."

"다름이 아니라 아까부터 쭉 듣고 있었는데 말하는 얘기와 똑같이 주장하는 단체가 있습니다. 혹시 그 단체 회원인가 해서요."

"회원도 아니구요. 보다시피 혼자입니다. 혹시 그 단체에 대해 알고 있는 게 있습니까?"

며칠 뒤에 그에게 협회의 주소와 전화번호를 얻었다. 그는 그 주소를 우연히 알게 되었는데 하도 이상한 주장을 하길래 메모해 두었다고 했다.

들뜬 마음으로 강남구 대치동으로 향했다. 같은 뜻을 품은 사람들을 만날 수 있다는 설렘에 처음 찾는 길이 낯설지가 않았다. 86년 당시의 라엘리안협회는 규모가 작고 초라했다. 사무실은 대치동 청실아파트였는데 회장으로 있는 주부의 집이었다. 재정이 빈약해 사무실은 엄두를 못 내는 형편이었고 등록된 전체회원 수는 몇십 명 내외였다. 그것도 연락이 끊긴 사람을 포함해서였고 한 달에 한 번 있었던 정기집회엔 서너 명이 모이는 게 고작이었다. 회장인 배씨의 헌신적인 노력에 의해 겨우겨우 유지되고 있었다.

보잘것없는 협회였지만 진실이기에 미래가 있었고 긴긴 외로움 끝에 만난 동지들인지라 말할 수 없이 위로가 되었다. 협회에 가입한 지 얼마 후인 8월 6일, 세례의 진정한 의미인 세포 설계도를 전송하는 트랜스미션을 받았다. 행복한 마음에 광화문 거리를 쏘다니고 밤새도록 대화를 나눴다. 길가의 행인들에게 메시지를 알리는 전단을 무차별적으로 나눠주기도 했다. 강연회가 있을 때면 준비하랴 포스터 붙이랴 전단 돌리느라 눈코 뜰 새 없이 바빴다.

이렇게 라엘리안에 가입해 난생 처음 소속감을 느끼며 행복에 겨운 나날을 보내고 있을 무렵이었다. 물리과 사무실에 날 찾는 전화가 왔다. 고등학교를 자퇴할 당시의 같은 반 친구였는데 그는 학교를 졸업하고 심리학과에 들어왔다. 대학 막 들어오면서 우연히 도서관에서 마주친 적이 있었고 그 뒤 서로 연락이 없던 터였다.

카츄사로 용산 미군에 근무하니까 놀러오라는 전화였다. 용산의 백인 병사들은 눈발이 사나우며 체격이 우람했고 흑인 병사들 역시 시커먼 피부에 건장해 무슨 멧돼지 같았다. 그 옆에 다가서면 160을 조금 넘는 내 모습은 그지없이 초라했다. 역시 논리적인 사고와 실험을 바탕으로 과학을 발달시키고 민주주의 혁명을 완성시킨 서양인지라 골격부터가 우리와 다른 것 같았다.

그 친구와 함께 엘로힘의 메시지와 심리학에 대해서 이야기를 나누었다. 그는 메시지가 사실이라면 엄청난 것이라 하면서도 믿기지는 않는다고 했다. 마치 한 편의 소설 같다고 했다. 한 번은 그가 공자에 대해 어떻게 생각하느냐고 물어 그냥 보수적인 늙은이일 뿐이라고 했다. '논어'는 케케묵은 책이고 배울 것도 없을 것 같아 읽질 않았다고 말했다. 그는 심리학에 관련된 일이 있어서 읽어보았는데 학교에서 배운 것하고는 딴판이라며 재삼 일독을 권하는 것이었다.

천천히 논어를 읽어나갔다.

한 장 한 장 넘기면서 경이의 세계로 공자는 다가오고 있었다. 함축적인 의미와 현상의 정곡을 꿰뚫는 말 하나 하나에 2500년 전의 그의 모습이 되살아나는 듯했다. 유교가 부모에게 무조건적인 효도와 왕에게 절대적인 충성을 가르치는 것으로 알았는데 그건 본래의 공자 뜻이 아니었다. 그의 사후에 전해지면서 왜곡되고 뒤틀려버린 결과였다. 왕에게 충성하라고. 그건 그의 가르침을 오해해도 한참 오해한 것이고 몰라도 너무 모르는 거였다. 그 전란의 와중에 태어난 그는 전쟁이 인간의 근원적인 문제들을 해결할 수 없다는 것을 통찰하고 자신의 방향을 일찌감치 설정하였다.

그 뒤 그는 온갖 역경을 딛고 평생 그 길을 걸어갔다. 그에겐 정치란 아무나 하는 게 아니었다. 천부적인 자질에다 노력을 통하여 완성된 인간인 성인과 군자에 의해 행해져야만 백성들이 행복해질 수 있다고 설파하였다. 일종의 철인정치이자 천재정치였다.

일상사에 그의 태도는 원칙이 있되 완고하거나 편벽되지 않았다. 높은 이상을 좇되 현실을 무시하지도 않았다. 효에 있어서도 부모와 자식 간의 자연스러운 감정을 중요시했고 아주 유연하였다. 유교에서는 연장자에 무조건 복종하라는 것으로 아는데 오히려 그 반대였다. 공자는 나이 40이 되어서도 이룬 게 없으면 부끄러워하라며 젊은이의 가능성을 높이 샀다.

'자기를 미루어 남을 이해하는 것' 이 삶의 시작이라면 '자신이 바라지 않은 것은 남에게도 하지 않는 것' 은 삶의 완성이 아니겠는가. 이 한마디는 삶의 자세와 생의 본질을 꿰뚫어 갈파한 것이었다. 인생을 한 문장으로 줄인다면 바로 이렇게 되리라. 아침에 도를 들으면 저녁에 죽어도 좋다는 이 말은 그 얼마나 강렬한 구도자적 자세인가.

그의 나이 55세에 고국인 노나라에서 뜻을 펴는 데 실패하자 제자들과 함께 중국천하를 떠돌아다니며 자기의 이상을 실현시키려 한 점에 참으로 경탄할 수밖에 없었다. 생각해 보라. 그 당시의 쉰다섯이면 오늘날로 치면 칠순을 훨씬 넘긴 나이이다. 칠팔십이면 손주들 재롱이나 보거나 덧없이 흘러버린 청춘을 아쉬워하며 요즘 젊은것들 버릇없다고 하는 게 고작인 것이다. 대부분의 노인들이 그러는 게 아니라 모든 노인들이 다 그러는 것이다. 또 그것이 자연스러운 일이고.

14년 후 어느 곳에서도 환영받지 못한 그는 68세에 고향으로 돌아왔다. 그 당시에 명백히 실패했으면서도 세상을 한탄하거나 누구를 탓하지도 않았다. 그 나이에 상갓집 개처럼 천하를 떠돌아다닐 정도의 정열이면 그건 위대한 정열이다. 그런 불타는 열정을 지니고 있으면서도 한마디 원망도 좌절도 없다. 고국에 돌아온 그는 자신이 살고 있는 시대에 이상 실현이 불가능함을 알고 교육과 저술에 심혈을 기울였다. 언젠가 인간이 행복해지려면 자신이 걸었던 길을 걸을 수밖에 없음을 확신하고 스스로의 행동에 추호의 흔들림이 없었다.

공자가 내다보았던 것은 2500여 년이 지난 아직까지도 이루지 못한 이상인 것이다. 한쪽에서는 아이들이 굶어 죽는데 다른 한쪽에서는 개가 쇠고기를 먹고 마실 물이 없는데 수만 개의 핵탄두가 저장되어 있는 오늘날의 이 현실이 여과 없이 그대로 보여주고 있는 것이다. 길게 본다는 것은 바로 이런 것을 두고 말함이 아니겠는가.

게다가 의를 추구하다 자신의 목숨까지 내놓아 인의 완성을 이루라는 것은 참으로 숭고한 것이었다. 목숨까지 바쳐가며 아무런 보상 없이 단지 좋아서 그리하라는 건 높고도 높은 거룩한 것이었다. 사실 홧김에 또는 절망감에 싸여 목숨을 끊는 건 쉬운 일이다. 사후에 '천국이다 극락이다' 라는 보상이 있어 순교하는 것도 눈 딱 감고 할 만한 것이다. 삶만큼 소중한 게 어디 있고 자신의 목숨만큼 귀한 게 어디에 있는가. 그 귀한 목숨을 바치면 하다못해 조그만 보상이라도 있어야 되지 않겠는가.

그런데 아무런 보상도 없이 그걸 하라는 것이다. 그것도 단지 좋아서. 이건 명백히 인간이 아니었다. 완성된 인간 그 자체였으며 인간이 도달해야 할 최고의 경지였다. 이런 예술품이 어디에 또 있으며 이런 인물을 보존하지 않고 대체 무엇을 보존한단 말인가!

이 부분을 읽어나가며 머릿속에 수많은 상념들이 일었다 사라져갔다. 이 위대한 사내에게 완전히 압도되어 숨쉬기가 두려울 정도였다. 내 자신이 한없이 작아지기만 했고 이런 인물이 실제로 존재했는가가 의심스러울 정도였다.

세상에 어떤 인간이기에 이럴 수 있는가!

머리가 약간 날이 서 세상이 자기 뜻에 안 맞으면 더럽다고 은거하기는 얼마나 쉬운가. 그리고 그런 인간이 어디 한둘인가. 하지만 그런 건 웬만하면 다할 수 있는 것이다. 또 요즘엔 책과 인쇄물이 흘러넘쳐 아는 체하고 주워섬기기가 좀 쉬운가. 하지만 그 당시에 책이 있으면 몇 권이나 되겠는가. 책이라고 해봤자 고작 대나무껍질이 전부였을 것이다. 그런 제한된 환경 속에서 이런 통찰력을 갖는다는 건 하늘이 냈다고 할 수밖에 없었다.

목숨이 경각에 처해도 담담하였던 그가 자신의 모든 것을 걸었던 안회가 죽자 하늘이 자기를 망친다며 한없이 슬퍼하였다. 그 태산 같은 인간이 몇날 며칠을 땅을 치며 통곡했다. 운다는 것은 바로 이러는 것이리라. 현실에서 이룬 건 없고 모든 것을 전수하려 했던 수제자는 먼저 떠난 후 그는 사후에 자신의 가르침이 심하게 왜곡되리라는 것을 예측했으리라. 몇 년 후 이 거대한 인간은 자신의 죽음을 예감하였다.

태산이 무너지는구나.
대들보가 쓰러지는구나.
철인이 시들려는구나.

라고 읊은 뒤 7일 후 성스러운 인생을 마감하였다.

시대적 상황에 조금도 굴하지 않고 스스로의 타고난 유전적 능력만 가지고 시대를 벗어나 우뚝 선 한 인간의 모습이 나에겐 너무나 거대하고 아름다웠다. 아니 인간이 어떻게 살아야 할지를 보여준 예 중의 예였으며 머리통 달려 생각한다는 것이 무엇인지 극명하게 보여준 본보기 중의 본보기였다.

동시에 서양에 대한 열등감이 서서히 사라져가고 있었다. 비록 과학기술은 서양에 뒤졌지만 동양에는 공자가 있었다는 사실이 말할 수 없는 위로를 주며 동양의 가능성을 보여주는 것 같았다. 인간이 난폭하지만은 않다는 것을 분명히 보여주어 피비린내 나는 세계사에 이런 인물이 등장했었다는 사실이 말할 수 없는 안도감을 주었다. 아니 한마디로 인간이라는 것이 자랑스러웠다.

생각한다는 것이 무엇인지를 보여준 너무나 인간다운 인간이었으며 천재라는 것이 어떤 것인지 그 예를 보여준 사람이었다. 동시에 지도자 중의 지도자였고 정치가 중의 정치가였다. 솔직히 지금까지 정치가라는 작자들 중에 정치가다운 자가 얼마나 되는가. 지성이라곤 눈곱만큼도 없으면서 하는 짓이라곤 욕심은 머리 꼭대기까지 차 대중을 총칼로 협박하거나 다수에게 교묘히 영합해 거짓 명예를 얻으려 하는 게 대부분인 것이다.

정치란 내다보는 것이다. 즉 예견하는 것이다. 갈 데까지 가본 뒤 '아이쿠! 이게 아니네.' 라고 돌아서는 건 예견도 아니고 더더구나 정치는 더욱 아니다. 그런 건 물질들이 반응하듯이 그냥 반응했다고 하는 것이다. 아, 물도 갈 데까지 가면 끓어 넘치고 얼어붙질 않는가.

바로 공자 같은 이런 인간들이 우리를 이끌어가야 되지 않겠는가. 인류는 가끔씩 등장하는 이런 인간들에게 권력을 맡겨야만이 모든 근원적인 문제를 해결할 수 있을 것이다. 인간의 재능도 재능이거니와 별의

별 희한한 능력을 가진 인간 역시 수도 없이 많다. 그렇지만 그런 재능도 생각하고 통찰하는 지도자가 없으면 두뇌 없는 신체와 하등 다를 바가 없다.

공자에 의해 동양의 가능성에 새롭게 눈 뜬 대학 4학년 사회는 급박하게 돌아가고 있었다. 6월 시민혁명에 의해 민주화를 실현할 토대가 마련되었고 그 후 13대 대선을 앞두고 정국은 소용돌이치고 있었다. 그 당시 재야에는 명망 있는 인사가 다수 있었고 야당에는 민주화 투쟁의 상징인 두 지도자가 있었다.

졸업을 앞둔 4학년 연말 명성이 자자했던 한 재야인사와 두 야당 총재의 집을 차례로 찾아갔다. '씨올의 소리' 의 저자였던 그 재야인사의 집은 강북4호선 어느 전철역 부근에 있었다. 비서의 안내에 의해 만난 그는 늙고 병든 모습이었으나 후학에게 열의를 다해 민족이 나아갈 길을 제시하는 모습은 당당하였다. 길어지는 대화중에 내가 엘로힘의 메시지를 꺼냈다. 창조자에 관한 숨겨진 진실이 마침내 밝혀졌으며 이곳 한반도에서 창조자들을 맞이하자고 했다. 내 말이 떨어지자마자 그 노쇠한 인사는 어디에 우주인이 있고 어디에 UFO가 있냐며 난리였다. 한창 젊은 나이에 무슨 헛것을 보고 우주인을 찾고 들먹이냐며 야단법석이었다.

오대산에서 빛을 만나다

갑자기 왼쪽 가슴이 심하게 아파왔다.

어제 토요일 오후부터 아프기 시작하더니 오후 내내 계속되었다. 자고 일어나면 괜찮겠지 했는데 통증은 심해지기만 했다. 그전에도 가끔씩 쥐어짜는 듯한 흉통이 수분 간 지속되다가 씻은 듯이 사라지곤 했으나 이번에는 예사롭지 않았다. 식구들한테 가슴이 아파 병원에 간다 해도 들은 체도 안 했다.

교직 2년째인 보험증을 가지고 가까운 병원으로 갔다. 일요일이라 휴진이니 내일 오든가 아니면 구로동에 있는 큰 대학병원으로 가라는 것이었다. 한시가 급해 그대로 구로동으로 갔다. 병원입구에서 응급실까지 걷기가 힘들 정도로 아팠다. 가슴을 쪼개는 듯한 통증에 몸을 가눌

수가 없었다. 가슴을 얼싸안으며 의사한테 통증이 매우 심하다고 했다.

곧바로 응급실 침대에 눕혀졌다. 묻는 말에 통증과 증상에 대해 겪은 대로 대답했다. 입원수속 밟아야 한다기에 누나에게 와달라고 전화를 했다. 몇 가지 검사가 있은 뒤 가슴에 어떤 장치가 부착되었다. 왼쪽 팔목에 링거가 꽂히고 투명한 줄을 통해 영양액이 방울방울 스며들었다.

조그만 화면에 기분 나쁜 소리와 함께 물결 같은 파형이 지나가고 있었다. 그리고 하얀 가운의 간호사가 혀 밑에 조그만 알약을 규칙적으로 밀어 넣곤 했다. 콧속을 통해 후두까지 연결된 가느다란 줄에서는 찬바람이 쏴하게 나오고 있었다. 비상시를 대비한 산소 같았다. 네댓 명의 의사가 몰려오더니 화면과 무엇인가를 적은 기록을 번갈아 보며 알아들을 수 없는 말로 토의하는 것이었다. 어떤 병이냐고 물었더니 심각한 거랬다. 그러면서 중환자실에 자리 비는 대로 입원해야 하니 보호자는 항시 대기해야 한다는 말이었다.

아무래도 뭔가 이상이 있는 모양이었다. 무슨 병인지 시원하게 얘기는 안 하면서 완전히 다 죽어 가는 사람취급이었다. 중환자실은 뭐고 가슴과 팔 그리고 목구멍에 꽂히고 부착된 것은 다 뭐란 말인가. 내 몸의 주인은 난데 어떤 일이 일어나고 있는지 난 아무것도 모르고 있었다. 내 몸을 두고 난 방관자였고 나그네일 뿐이었다.

담당의사를 찾아 정색을 하고 물었다. 살아도 내가 살고 죽어도 내가 죽으니 병명을 알아야겠다며 이는 환자의 기본적인 권리 아니냐고 했다. 또 무슨 일이 생기면 대비라도 해야 할 것 아니냐며 거듭 다그쳐 물었다. 나를 잠시 살펴보는 것 같았다. 그는 다른 의사들과 숙의를 하더니 말문을 열었다.

"병명을 진찰대로 얘기해도 되겠습니까?"

의사는 뜸을 잔뜩 들이며 말했다.

"그렇습니다."

내가 대답했다.

"물론 환자가 병명을 알 권리는 있습니다만 다 말한다고 꼭 좋은 건 아닙니다. 모르는 게 나을 수도 있습니다."

의사가 무거운 목소리로 침착하게 말했다.

"전 걱정하지 마시고 나온 대로 말씀해주십시오."

잠깐 망설이는 것 같더니 이윽고 말을 이었다.

"그럼 마음에 준비를 하세요."

"……."

"……."

잠시 침묵이 흘렀다.

"심장이 안 좋아요. 부정맥도 있습니다. 아직 확실하진 않지만 가슴의 통증과 심전도 검사를 보아 아무래도 심근경색인 것 같습니다. 심근경색은……."

세상에 심근경색이라니!

심장이 뛰려면 심장 자체에도 혈액이 공급돼야 하는데 그 혈관이 응어리지고 막혀 심장이 멈추는 게 심근경색 아닌가. 심장이 멈추면 두뇌에 산소공급이 중단되고 그러면 얼마 후에 끝 아닌가.

'제기랄, 뭐 이 따위가 다 있나. 이런 뭐 개뼉다귀 같은 경우가 있냔 말이야!'

이제 겨우 스물여섯에 끝장이라니. 그전에 죽음의 문턱에 다다른 적이 없진 않았지만 그때와는 또 다른 충격이었다. 얼떨떨했다. 말도 되지 않는 소리였다. 귓가에 맴도는 그 말이 믿어지지가 않았고 잘못 들은 것만 같았다. 허나 하루 동안에 벌어진 이 상황은 분명 장난이 아니었다.

똑! 똑! 똑!

심장의 맥박이 좁쌀 같은 펄스파를 화면에 만들고 있었고 또 다른 파동이 물결을 이루며 심장의 상태를 나타내고 있었다. 멈추는 심장을 무슨 수로 다시 뛰게 한단 말인가. 죽고 싶어 죽는 인간이 몇이나 되는가. 어쩔 도리가 없었다. 지난 일들이 주마등처럼 스쳐지나갔다. 내가 생각하고 느꼈던 것을 정리하지 못한 것이 무엇보다 한스러웠다. 1주일이라도 아니 얼마간의 시간이라도 주어진다면 하는 아쉬움뿐이었다.

그 다음으로 어머니가 안 됐다는 거였다. 저 심장이 멈추면 늙은 노모의 심장 역시 엄청난 타격을 입으리라. 어쨌든 뒷일은 누나한테 부탁하는 수밖에 없었다. 그리고 장기와 사체는 병원에 기증하고 이마뼈 일부분을 국제라엘리안 운동본부로 보내도록 하는 것이 처리해야 할 남은 일이었다.

세 번째의 마지막 것은 그 당시 가깝게 지내던 라엘리안 친구에게 부탁을 해야 했다. 전화도 걸고 소변도 봐야 하기에 곧바로 돌아와야 한다며 채근하는 간호사의 도움을 받아 이것저것 달라붙어 있던 것들을 잠시 떼어냈다. 왼쪽 팔목에 꽂혀 있던 링거는 그대로 달고 갔다. 힘들게 전화를 걸고 소변을 봤다. 링거 병을 높이 들기가 힘들어 팔이 약간이라도 내려오면 투명한 줄을 타고 피가 역류하곤 했다. 친구에게 한시가 급하니 바로 병원으로 와달라는 말을 하고 겨우겨우 침대로 돌아왔다.

어지럽고 현기증이 났다. 맥동과 파형은 또 다시 뛰기 시작했다. 누운 채로 물끄러미 쳐다보았다. 짙은 녹색의 파형은 규칙적인 것 같았다. 누운 볼 위로 눈물이 주르르 흘러내렸다. 이 나이에 가야 하다니. 가슴속에 품은 포부를 한 번 펴보지도 못하고 인류사에 가장 중요한 이 시기에 뒤안길로 사라져야 한다는 사실이 원통하기만 했다. 저게 저렇게 뛰다 일그러지면 간호사와 의사는 다급하게 달려오리라. 곧 이어 응급처치가 이어질 것이고 이윽고 심장이 멈추면 다 끝나게 되리라. 눈물

속에 보이는 파형이 곧 일그러질 것만 같아 차마 마주볼 수가 없었다. 감은 눈 아래로 눈물이 방울져 흐르고 있었다.

시간이 어느 정도 지났을까. 갑자기 어떤 느낌이 파도처럼 엄습해왔다. 온몸이 감전된 것처럼 쭈뼛거리는 느낌이었다. 그것은 마치 머리끝에서부터 발끝까지 전신을 관통하는 듯했다. 그 예감이 어디에서 오는지 알 순 없지만, 고통은 겪지만 무사히 살아날 거라는 육감이었다. 너무나 분명해 터럭만큼의 의심도 들지 않는 설명하기 힘든 어떤 확신이었다. 새로운 생의 의지에 휩싸여 있을 때 인턴처럼 보이는 젊은 의사가 다가왔다. 그는 아까 여러 의사들 중에 있었다고 하면서 자기가 보기에는 아무래도 심근경색이 아닌 것 같다는 말이었다. 그러면서 아픈지 이 정도 시간 지났으면 진작에 일 났다는 것이었다. 나도 내가 안 죽을 것 같다고 했다.

그 뒤에 누나와 친구가 왔다. 누나는 얘기를 들어서인지 얼굴이 흙빛이었다. 처음 생각했던 유언은 말할 필요가 없었다. 나중에 자형도 왔다. 빈다던 중환자실은 환자가 남아있게 돼 빈자리가 없게 되었다며 위급한 환자를 응급실에 오래 두기 어려우니 다른 병원을 알아보라는 거였다. 누나와 자형이 여러 병원을 알아보는 동안 통증과 현기증이 점점 심해지며 속도 메스꺼워졌다.

시간이 얼마나 흘렀는지 알 수가 없었다. 가까스로 영등포의 한 병원을 구한 모양이었다. 난 이때쯤에 이미 역겹고 어지러워 아무 정신이 없었다. 환자 운반차에 실려 운반되는 모양이었다. 어느새 밤인 것 같았다. 흔들리며 앰뷸런스에 실리니 더욱더 정신이 없었다. 끊임없이 흔들리는 차안에서 고통에 몸부림치며 몸을 뒤틀라치면 억세고 익숙한 손이 딱 붙들고 놓아주지를 않았다. 삐뽀삐뽀 하는 사이렌 소리가 "살려줘, 살려줘!" 하는 것만 같았다. 흔들거리던 것이 잠시 멈추더니 다시 움직이는 모양이었다.

눈이 부셔 실눈을 떠보니 대낮같이 밝은 병원의 복도였다. 문이 열리고 어디로 들어가는 것 같았다. 갑자기 배 부분이 싸늘해졌다. 웃옷도 바지도 팬티도 모두 몇 토막으로 잘려져 있는 것이 흐릿한 시야에 들어왔다. 떨어져 나간 옷 대신에 얇은 가운이 덮어졌다. 중환자실은 음산했다. 생기가 없었고 비릿한 피냄새가 풍겨오고 있었다. 푸르륵 하는 가래 끓는 소리와 간간이 고통에 찬 신음소리가 멀지 않은 곳에서 들려왔다. 익숙한 손놀림으로 이것저것 처리하는 간호사는 아무 표정이 없었다. 이대로 어느 누가 죽어 나가도 눈 하나 깜짝하지 않을 얼굴이었다.

몇 끼를 못 먹고 시달리느라 기운이 없었다. 잠시 약해지던 통증이 더욱 강하게 밀려왔다. 가슴이 심하게 아파 마치 쥐어짜는 듯했고 속이 뒤집어져 창자가 목구멍으로 기어 나오는 것 같았다. 천장의 전등과 침대 시트가 빙글빙글 돌아가는 느낌이었다. 고통에 몸을 뒤틀고 또 뒤틀었다. "아파요 도와줘요"라는 낮은 신음 소리가 나도 모르게 흘러나오고 있었다. 밤새도록 삐댔다. 새벽이 다가오며 고통이 조금씩 약해지고 있었다. 눈을 떠보니 오전이 한참 지난 것 같았고 간호사는 바뀌어 있었다. 월요일 오후가 되면서 고통은 훨씬 감소했다. 그날 저녁에는 미음을 먹을 수 있었다. 그동안 검사를 많이 했고 피도 많이 뽑아 팔뚝에는 여기저기 검붉은 자국이 선명했다.

다음날 심근경색은 일단 아니라며 병명은 더 알아봐야 한다는 것이었다. 대학병원의 최초의 진단은 오진이냐니까 그렇다고 했다. 그 뒤로 정확한 병명을 알기 위해 기초적인 피검사와 뇨검사, X-레이 등이 더 행해졌다. 부정맥이 있었던 심장의 상태를 정확히 알기 위해 48시간의 심전도 검사, 호흡이 가쁠 때의 맥동검사 등 그 당시 병원에서 가능했던 심장에 대한 모든 검사를 했다.

그렇게 검사를 했어도 병명은 오리무중이었다. 위 내시경으로 위벽까지 샅샅이 살펴봤지만 별 이상 없다는 것이었다. 내시경은 손가락 굵기 정도의 두툼한 줄 끝에 밝은 전구가 달려 있었다. 처음 삼키기도 힘들었고 위 속에 들어가 구석구석 휘저을 때도 거북했다. 몸통을 그렇게 찾아봐도 별 소득이 없자 마지막으로 신경과에서 정신검사까지 받았다. 정신과의 검사는 문제가 많기도 많았고 비슷한 문항이 조금씩 달라지면서 끝없이 이어졌다. 본심을 속일래야 속일 수 없어 보였다. 결과는 역시 이상 없다는 것이었다.

검사는 해댔지만 그래도 원인은 뚜렷이 드러나지 않았다. 학교에서 학생들이 병문안을 오고 친구들과 사람들이 왔다갔다. 1주일쯤 후에 약을 한 아름 안고서 퇴원했다. 옆구리의 신경이 왼쪽 가슴으로 번져 통증이 온 것 같다는 얘기를 들으며 병원 문을 나섰다. 다시 보는 길거리의 모든 것이 새롭고도 신선했다.

두 달의 병가를 얻고 집에서 쉬었다. 쉬면서 근처의 야산을 산책하곤 했다. 건강에 좋다기에 단식을 5일 정도 했다. 단식 후 보식이 끝나갈 무렵이었다. 갑자기 산이 그리웠고 너무나 가고 싶었다. 이왕 쉴 바엔 큰 산에 가서 조용히 쉬고 싶었다.

어머니는 몸도 성하지 못한데 어딜 가냐며 성화였다. 철이 든 후로 제 길로 크는 자식을 어쩔 수 없이 멀거니 쳐다보아야만 했던 어머니. 학교를 때려치우건 외계인을 믿건 미친놈 소리를 듣건 가슴 졸이며 바라볼 수밖에 없었으리라. 이번에도 어쩔 수 없이 꺾이고 만 어머니는 버스정류장까지 따라 나와 물기 어린 눈길로 부디 몸조심하라며 신신당부였다.

그 길로 터미널로 가서 강릉 가는 버스를 탔다. 6월 하순이라 날씨는 후텁지근했다. 강원도에 들어서면서부터 나무들은 더욱 싱싱했고 산들은 더 커지고 있었다. 몇 시간 후에 진부에서 내렸다. 한참을 기다리다 상원사행 버스에 올랐다. 일단의 대학생들이 버스 뒤켠을 세낸 것처럼 점령하고 있었다. 열려진 창으로 시원하게 쏟아지는 바람이 고통을 쓸고 가는 것만 같았다. 차창을 통해 보이는 쭉쭉 뻗은 나무들이 산기슭을 푸르게 수놓고 있었다.

갑자기 주위가 어두워지더니 우람한 전나무들이 하늘을 가리었다. 그 전나무 숲을 벗어나자마자 월정사였다. 버스에 내려 곧바로 그 숲으로 갔다. 수십 미터는 되어 보이는 나무들이 장대처럼 하늘을 향해 치솟아 있었다. 울창한 나뭇가지들에 의해 밝은 대낮인데도 어둑할 정도였다. 쭉 뻗은 나무들의 장대함은 생명력이 살아 꿈틀거리는 듯했다.

입구의 높다란 계단을 올라 월정사의 대웅전 앞에 이르렀다. 공사가 있는지 작업하는 사람들이 바쁘게 움직이고 있었고 접근을 못하게 칸막이를 쳐놓은 곳이 군데군데 있었다. 절 주변으로는 굵은 나무들과 산들이 호위하듯 둘러싸고 있었고 중앙에 있는 석탑도 보수중인지 철근으로 뒤덮여 있었다. 어수선하고 부산한 틈에서 스님을 묻고 찾았다.

"안녕하세요, 스님."

"나무아미타불."

"부탁이 있습니다. 몸이 아파 공기 좋은 이곳에 왔습니다. 며칠 쉬어 가는 게 가능한지요?"

"젊은 분이 아프시다구요. 요청을 들어드리고 싶은데 보다시피 큰 공사를 하고 있습니다. 그래 대처 손님을 받는 게 어렵습니다."

"……."

"나무관세음보살."

"저, 스님. 먼 서울에서 왔습니다. 어떻게 다른 방법이 없는지요?"

"버스를 타고 종점까지 가면 상원사입니다. 그 상원사 위에 중대암이라는 암자가 있지요. 거기 가서 말씀해 보세요. 어쩌면 가능할 겁니다."

버스는 오랜만에 왔다. 도로 길을 끼고 도는 냇물이 그지없이 투명했고 맑았다. 물도 나무도 다 맑았다. 아스팔트가 끝난 길을 차는 자욱한 흙먼지를 일으키며 심하게 덜덜거리며 갔다. 상원사를 향해 근 20분 가까이 달려 종점에 이르렀다. 종점은 조그마한 공터였고 그 주변으로 아름드리나무가 수많은 가지와 잎들을 무성하게 드리우고 있었다. 잎 사이로 내비치는 햇살은 반짝이고 있었고 잎들은 그지없이 싱그러웠다.

상원사는 종점에서 산으로 오르는 길목에 널찍이 자리잡고 있었다. 굽이쳐 내려오던 산들이 상원사를 앞뒤로 휘돌면서 병풍처럼 감싸고 있었다. 포근하고 아늑했다. 여름에는 덥지 않고 겨울엔 춥지 않을 것만 같았다. 감도는 적막함이 세속의 번뇌를 끊은 듯해 사랑하는 사람과 평생을 보내는 것도 나쁠 것 없어 보였다.

상원사를 벗어나 중대암으로 향하는 길로 들어섰다. 사람 두셋이 어깨를 맞대고 걸을 정도의 폭이었고 오대산의 주봉으로 이어지는 길이었다. 울창한 수림 사이에서 들려오는 새 소리는 머나먼 이국땅에서 울려오는 듯했다. 경사와 완만함이 되풀이되는 길을 돌고 돌아 비탈면에 제비집처럼 달라붙은 중대암에 다다랐다. 중대암은 암자가 2개였고 T자 모양으로 엇갈려 있었다.

1주일 정도 머무는 것을 승낙 받고 약간의 시주를 했다. 어느새 오후가 한참 지났고 산중의 해는 뉘엿뉘엿 넘어가며 구름 사이로 붉은 낙조를 드리우고 있었다. 안내해준 방에 들어갔더니 30대 후반은 되어 보이는 스님이 둘 있었다. 가벼운 목례를 하고 짐을 구석에 놓는데 한 스님이 부르는 소리가 들렸다. 눈빛이 형형하고 골격이 굵어 보였다. 다짜고짜 나에게 말을 걸었다.

"이것 봐, 젊은이. 얼굴에 병색이 돌았어. 창백해. 사신이 끼었단 말이야."

"……."

나는 대답을 하지 않았다.

"부처님 믿고 기도해야 살아. 열심히 기도하고 불경 봐야 살 것이여."

"……."

이번에도 나는 말없이 짐을 정리하고 있었다. 이런 경우를 어디 한두 번 당해 보았는가. 기세를 제압하려고 나오는 그 스님을 지긋이 바라보며 말없이 웃어주었다.

"아니, 인생이 불쌍해서 기도하라고 하는데 웃어. 이거 아주 불손하구먼."

끝없이 이어질 것만 같아 단호히 입을 열었다.

"그만 하세요. 됐습니다."

옆에 있는 스님까지도 고분고분하지 않은 내 행동에 불쾌한 기색이었다. 적반하장도 유분수지 웃기지도 않는 상황이었다. 더 있을 곳이 못되어 그대로 나와버렸다. 그 길로 내려가든가 아니면 산으로 올라가 잘까도 싶었다. 한참을 내려오다 다시 되돌아 들어가니 다른 방을 정해주었다. 그 방은 절에서 힘든 일을 거들어주며 불경 공부를 하는 처사라는 사람의 거처였다. 그는 건장한 체격에 나이에 비해 젊었고 검게 그을린 얼굴이 아주 강인해 보였다. 이곳 역시 깨끗했고 크기도 비슷했다.

산속의 밤은 빠르게 찾아왔다. 나뭇잎 소리와 이름 모를 풀벌레 소리가 낮보다 훨씬 크게 들려왔다. 그 소리와 함께 암자 밑으로 흐르는 계곡물소리 역시 밤과 어울려 더욱 크게 들리고 있었다. 밤이라는 거대한 이불이 산 전체를 뒤덮고 있었다.

어떤 소리에 잠을 깬 것은 새벽이었다. 부스스한 눈에 형광등이 환하게 켜져 있는 방안이 들어왔다. 처사라는 그가 단정한 모습으로 한쪽 벽면을 향해 무언가를 끊임없이 외고 있었다. 결가부좌의 자세 같았고 참으로 진지했다.

"…… 옴 마니 반메훔 옴 마니 반메훔……."

길게 이어지고 있었다. 목소리는 탁했으나 건장한 체격에서 울려 나오는 소리인지라 곤한 잠을 깨운 모양이었다. 뚜렷이 알아들을 수 있는 구절은 거의 없었다. 아마도 어느 불경구절이리라. 진지한 자세였고 정성이었다. 간절한 그 모습에 잠이 확 달아나고 있었다. 하루의 고된 일과를 그는 그 몇십 분에 녹여내고 있었다. 그에게 그 순간은 그 무엇보다 소중한 시간이었으리라.

그는 일도 잘했고 기도하는 모습 역시 본받을 만했다. 그러나 난 뭔가. 이 나이 먹도록 똑 소리 나게 할 줄 아는 게 아무것도 없었다. 그저 불평불만에 쌓여 세상만사를 우습게 알았으나 제대로 하는 게 없었다. 어릴 적 어머니 말대로 정말 아무짝에도 쓸모가 없을까. 그럴지도 몰랐다. 하지만 대화를 하거나 책을 보면 내 관점은 분명 타당해 보였다. 적어도 나에겐 그랬다. 그러나 이것 역시 착각일지도 모르는 일이었다.

우리를 둘러싸고 있는 이 모든 것을 환상이라고 볼 수도 있었다. 어느 누가 세상이 실재한다고 증명할 수 있는가. 자신에게 와 닿는 모든 것이 두뇌 속에서 일어나는 감각 덩어리일 수도 있지 않은가. 꿈이라면 꿈이었고 망상이라면 망상이었고 실재라면 실재였고 돌이라면 돌이었다. 그 어떤 것도 다 성립될 수 있기에 현상은 언어를 여의었다고 할 수 있으리라.

다만 자신의 감각이 제한되어 있으므로 자신의 오감을 벗어난 대상들 즉 자연이 존재한다고 생각할 수 있을 뿐이다. 그렇지만 이 역시 얼마나 한정적인가. 그 대상들 중에서 자신과 비슷하게 반응하는 것들과 온갖 미친 짓하며 사는 게 바로 인간 아닌가. 인간의 대화란 미침의 극치가 아닌가 말이다.

너무나 제한되어 있고 한정적이지만 인간은 인간하고 어울릴 수밖에 없고 인간인 우리에게 남는 건 인간밖에 더 있는가. 결국 사람인 우리가 추구해야 할 건 서로 사이좋게 지내는 일일 수밖에 없었다. 나에겐 이 모든 것인 인간의 기원과 자연에서의 위치가 너무나 분명했다. 이미 스무 살이 되기 전에 생의 원칙을 세우고 그것을 추구하고 있었지만 그러나 그것 역시 틀릴 수 있는 것이었다.

오대산을 좋다 했던 친구는 이 산에 스님이었던 뛰어난 예지자가 살았다 했다. 불경과 주역을 깊이 연구해 사물의 이치를 터득한 그 스님은 놀라운 예지를 보여주었다 했다. 그는 6.25동란, 베트남전에서의 미국의 패전, 한국의 비약적인 경제성장과 군사독재 그리고 미소 냉전 모두를 예측했다는 것이다. 또 앞으로의 미래에는 지구의 불기운이 극지방의 빙하를 녹이고 지축이 바로 서는 극이동이 다가온다고 했다는 것이다. 이 지구대변동과 더불어 세계적인 핵전쟁이 일어나 인류멸망의 위기가 도래하게 되는데 그때 인류 구원의 방안이 한반도에서 마련된다고 했다는 것이다. 한민족은 마지막에 인류를 구하게 되고 이곳 한반도에서 새로운 역사가 열린다 했다는 것이다.

구원의 방안이란 우리 모두의 각성 아닌가. 우리가 핵을 가지고 있는 상황에서도 평화를 유일한 목적으로 하지 않는다면 예기치 못한 파국이 언제든 닥쳐올 수 있는 것이다. 그리고 우리가 우리 스스로 폭력성을 극복하지 못한다면 외부의 도움만이 우리가 살 수 있는 유일한 길이다. 길은 내부 아니면 외부에 있기에 말이다. 하지만 외부의 도움 역시 대사관이 필요하지 않은가. 그리고 대사관 건설이 어디 쉬운 일인가. UFO를 모두 환상으로 간주하고 외계인 하면 전부 웃어넘기는 판인데 어디서 어떤 방식으로 대사관을 짓는단 말인가. 세계의 역사를 바꾸는 영광은 제쳐두고라도 참으로 험난하고도 어려운 일일 뿐이었다.

속이 거북해 아침 공양을 먹는 둥 마는 둥하고 산엘 올랐다. 산길을 돌고 돌아 한참을 못 가서였다. 갑자기 시야가 탁 트이더니 널찍하고 평평한 공터가 눈앞에 펼쳐졌다. 공터에는 부처의 진신 사리가 있다는 적멸보궁이 주위와 조화를 이루면서 날아갈 듯 자리잡고 있었다.

보궁은 아담하면서도 단단해 보였다. 보궁 뒤로는 오대산의 정상인 비로봉이 우뚝 솟아 있었고 비로봉 줄기들이 내리꽂듯 달려오다가 주위를 감싸면서 다시 밑으로 내리 뻗는 형상이었다. 그 힘찬 기상이 한

천지가 온통 햇살투성이었다.

그 순간 나는 나무였고 햇살이었고 바람이었다.

흐르는 물이었고 바위였다.

눈에 보아도 범상치 않았다. 풍수에 조예가 전혀 없다 하더라도 보궁터가 대단한 길지임에 틀림없었다. 너무 높지도 그렇다고 낮지도 않아 온화하면서도 당찬 기상이 주위를 압도해 가히 용의 턱이라 할만했다.

보궁 안에는 참배객이 많았다. 좌선한 스님의 독경 소리가 울려 퍼지는 가운데 열 명은 넘어 보이는 사람들이 좁은 곳에서 이마와 팔다리가 땅에 닿는 정성들인 오체투지례를 하고 있었다. 염원이 담겨 있는 그 정경을 무심히 바라보았다. 누군가 권하는 소리에 빙그레 웃으며 돌아서 주위를 거닐었다. 장마의 입구라 하늘엔 군데군데 구름이 떠 있었고 보궁터를 감싼 나무들은 더한층 푸르러가고 있었다.

점심을 조금 들고 비로봉을 향해 나섰다. 기운이 없어 쉬엄쉬엄 올랐다. 정상 부근에는 나무들이 자디잔 관목들이었다. 정상에는 몇 개의 돌탑이 있었고 앞뒤로 산들이 굽이치고 이어지며 끝없이 펼쳐져 있었다. 온통 산들의 파도로 뒤덮인 백두대간은 남북으로 길게 이어지고 있었다.

저녁도 잘 먹지를 못하니 절에 기거하는 사람들이 걱정을 했다. 수행하는 선객스님에게 수지침과 지압을 받고 나니 조금은 나아진 것 같았다.

산사에서의 이틀째 밤이 지나갔다. 이번에는 암자 밑으로 이어지는 샛길을 따라 내려가 산속의 냇가에 다다랐다. 습기 없는 적당한 곳에 자리를 잡고 앉았다. 조금 시간이 지나자 아픔과 고뇌이 사라지며 편안

해졌다. 지금까지의 힘들었던 것들을 잊고 그대로 앉아 있었다. 고통과 환희까지도 나에게서 한 발짝 물러나고 있었다. 모든 것이 나를 떠나 내 밖에서 나를 관조하는 듯했다. 너무나 고요한 순간이었고 모든 것이 멈추는 것 같았다.

내 주위에 나무가 있었고 잎들에 햇살이 반짝이고 있었다. 어느 순간 번쩍이는 빛살들이 다가오며 주위를 누비는 듯했다. 눈부신 빛이 온 천지를 감싸면서 황홀한 꽃송이가 사방을 수놓고 있었다. 천지가 온통 햇살투성이었다.

바로 그때 내 자신이 사라지는 듯했다. 그 순간에 내가 나무였고 햇살이었고 바람이었다. 흐르는 물이었고 바위였다. 난 내가 아니었고 마치 없는 듯했다. 주변이 진공이 된 듯하며 나도 나무도 바람도 물도 없었다.

이것이 선가에서 말하는 몰아의 경지인가.

아니면 깨닫는다는 것이 혹 이것인가.

고요하고도 황홀한 순간이었다. 돌도 나무도 햇살도 바람도 모두 자연스러웠다. 너무나 자연스러웠다. 어떤 차이도 없었고 조그만 우월도 없었다. 단지 공유함이었고 더불어 함께함이 있을 뿐이었다. 구별이 없고 경계가 없었다. 삶도 없었고 죽음도 없었다. 생사를 초월한 어떤 것들이 끝없이 펼쳐지며 한없이 이어져 있었다.

뎅기샘, UFO가 정말 있나요?

사람이 죽어나가고 있었다.

제복을 입은 사람들이 썩은 나무토막처럼 널브러지는 죽음이 연이어 계속되고 있었다. 미사일은 한 치의 오차도 없이 목표지점에 명중하고 있었고 하늘에는 스텔스전투기가 이라크의 중요 시설물을 폭격하고 있었다. 제공권을 미국을 비롯한 다국적군에 상실한 이라크의 반격은 미미하고 보잘것없어 그물에 갇힌 고기 신세였다.

91년 1월 17일 새벽 새까맣게 뜬 다국적군 전투기들이 대대적인 공습을 감행해 쿠웨이트를 침공한 이라크군에 엄청난 타격을 주면서 전쟁은 시작되었다. 미국의 CNN은 전쟁장면을 거의 실황으로 중계하고 있었고 과학기술의 성과가 유감없이 발휘된 한판의 도살장이었다. 피와 살이 튀고 팔다리가 부러지고 사람이 죽어가는 이 미친 짓은 과학의 발달에 힘입어 골목의 오락게임처럼 비춰지고 있었다. 실제로 전쟁장면은 한 편의 재미있는 전자게임을 지면에 펼쳐놓은 듯했다.

21일 다른 라엘리안과 함께 종로에서 있었던 '사랑의 장기기증운동본부'의 창립대회에 참석했다. 순서에 따라 개회사와 취지문이 이어졌고 장기기증과 사체를 기증한 우리가 견본으로 소개되었다. 그가 먼저 협회의 취지를 간단히 얘기했고 난 유언장을 낭독했다. 긴장되는 내 마음과는 관계없이 방송사의 TV카메라는 불빛을 들이대며 사정없이 돌아가고 있었다. 다소 떨리는 목소리로 읽어나갔다.

유언

나 박정규는 이후의 예측할 수 없는 사고에 대비하여 다음과 같은 유언을 남긴다.

본인이 사망할 경우 즉시 가까운 대학병원으로 송치하며 간단한 절차를 걸쳐 사용가능한 장기는 이를 필요로 하는 타인의 장기이식에 무상으로 양도하며 유체는 의학의 발전을 위해 병원 당국에 기증한다. 단 병원 당국은 본인의 코 위의 이마뼈 일부분을 절개해 이 유언의 집행자에게 보내줄 것을 조건으로 한다. 집행자는 이 뼈를 상자에 넣어 국제라엘리안운동본부에 보내도록 한다. 이상의 유언이 집행자 및 본인의 유족과 병원 당국에 의해 잘 지켜지리라 믿는다.

1990년 4월 12일

유언자 박정규

집행자○○○

학교의 3월은 해마다 신혼이다. 교실이 새 거고 책이 새 거고 짝도 새 거다. 노트와 볼펜도 새 거고 학교도 새 거다. 모든 게 새 것이니 학생도 교사도 새로워진다. 그래 3월의 교실엔 별빛이 흐른다.

"사람은 무엇이죠?"

"……."

"우린 모두 사람입니다. 여러분도 나도 모두 사람입니다. 사람은 무엇입니까?"

"……."

"정답은 없어요. 누구든 좋습니다. 그냥 편하게 얘기하면 돼요."

"도구를 만들고 사용해요."

"생각한다. 고로 존재한다."

누군가 용기를 내어 대답한다.

"좋아요. 그렇습니다. 아주 좋은 말이죠. 데카르트가 한 말이죠. 그러나 본질은 아닙니다. 우리가 어떻게 해서 이 지구에 존재하게 되었는가가 빠졌기에 말이죠. 대철인 소크라테스는 '너 자신을 알라' 라고 했습니다. 자 말해보세요."

"언어를 사용합니다."

"그래요. 맞습니다. 더 없나요? 아주 많을 텐데요."

"만물의 영장입니다."

"먹지도 않으면서 서로 죽이고 전쟁해요."

"여자요."

어떤 학생이 장난스럽게 입을 뗀다.

"맞는 애기입니다. 사람은 분명 여자와 남자죠. 더 다른 애기는 없습니까?"

"걸어다녀요."

"뇌요."

"학습하는 동물입니다."

"아, 좋아요. 좋아. 다 맞는 애기야. 근데 이 자리에 앉아 이렇게 묻고 대답하는 우린 대체 어디에서 왔냐 이거야. 자 무엇이든 애기해봐."

"무생물에서 진화했어요."

"아니, 신이 만들었습니다."

"진화와 신이 나왔구먼. 자 그럼 신이 창조했다고 믿는 사람 손들어봐. 와 많네. 그럼 이제 진화했다고 하는 사람 손들어봐. 꽤 되네. 자 이 문젠 앞으로 시간을 갖고 천천히 토론합시다. 그리고 방금 전에 인간은 서로 죽이고 전쟁한다는 지적이 있었죠. 아주 좋은 지적이야. 이거 발표한 사람 누구지."

"……."

"여하튼 중요한 지적을 한 거야. 우리가 지금 핵전쟁으로 전멸할 수도 있기에 말이야. 자 그럼 전쟁하고 서로 죽이는 원인이 뭘까? 뭣 때문에 죽고 죽이는지 이 문제에 대해서 발표해봐."

"욕심 때문입니다."

"자원이 부족해서요."

"성질이 포악해서요."

"정신이상자라서요."

"돈 때문이요."

이런저런 다양한 의견이 쏟아진다.

"좋아. 다들 좋은 의견입니다. 나름대로 일리가 있고 타당한 면이 있어. 욕심도 원인이고 자원이 모자란 것도 원인이 되지. 성질도 원인이 되고 남녀문제도 원인이 되지. 하지만 근본은 아니야. 이 모든 걸 관통하는 근본이 있어. 자 그걸 말해봐. 누가 생각을 깊이 했나 보자구."

"……."

"……."

한참 동안 대답이 없다.

"너무 어렵게 생각하지 말구. 말해봐. 누구 없나?"

"선생님 너무 어려워요."

"이유가 다 나왔는데, 그게 아니라면 모르겠어요. 정말 답이 있긴 있나요?"

요렇게 쉬운 문제가 애를 먹이는지 오히려 반문하는 학생도 있다.

"그래, 있지. 있고 말구."

"……."

"……."

좀 더 시간이 흐른다.

"……."

"……."

"바로 지능이야. 인간의 지능이 모든 폭력과 전쟁의 원인이지. 적을 제거함으로써 얻을 수 있는 이익을 계산할 수 있는 지능이 모든 전쟁의 밑바탕이 되는 거야. 지능이 없으면 폭력도 없고 전쟁도 없어. 지능이 낮은 바보가 해가 되지 않는 것처럼 말이야. 악인들은 다 상당한 지능의 소유자야. 유명한 악인들과 사악한 인간들을 보라구. 바보나 백치는 하나도 없어. 다 재능도 뛰어나고 머리도 팍팍 돌아가. 이런 작은 지능은 사회에 해를 가져오지만 위대한 지능은 사회에 큰 혜택을 가져와. 이 위대한 지능이 지혜이자 영지야. 결국 지능은 동전의 양면과 같은 거지. 우린 이 지능으로 낙원을 만들 수도 있고 지옥을 만들 수도 있으니까 말이야. 그래 지능은 축복이 될 수도 있고 재앙이 될 수도 있는 거야. 근데 문제의 핵심은 우리가 엄청난 힘을 가지곤 있는데 그걸 제대로 사용할 줄 모른다는 사실이야. 마치 세 살짜리가 무엇이든 벨 수 있는 칼을 들고 있는 것과 같아."

"……."

"……."

"얼마 전에도 중동지역에서 전쟁이 터졌어. 인간이 지구상에 있어온 이래 평화로웠던 기간은 얼마 되지 않는다고 해. 끝없이 전쟁을 되풀이 해왔어. 남들이 하는 전쟁구경은 불구경보다 더 재미있을 거야. 하지만 직접 몸통이 찢겨지고 팔다리가 떨어져 나가봐. 배가 갈라져 창자가 쏟아지고 피가 분수처럼 솟구치는 가운데 끔찍한 고통과 공포 속에서 죽어간다고 해봐. 또 여러분 부모나 형제가 죽었다고 생각해봐. 스릴이고 낭만이고 뭐고 싹 가실 걸. 이게 바로 전쟁이야."

"그렇지만 먼저 쳐들어오잖아요. 그리고 전쟁은 항상 있어 왔잖아요."

한 학생이 힘을 내어 반문한다.

"좋아, 지적 잘했어. 먼저 쳐들어오니까 군대가 필요하다고들 말하지. 그러면서 아마 인간이 멸망할 때까지 전쟁은 없어지지 않을 거라고들 하지. 우리가 폭력성을 극복하는 길이 사랑일까. 과연 사랑으로 우린 폭력성이라는 최후의 시련을 통과할 수 있을까. 내 나라 내 민족 내 종교를 위해 다른 사람을 해치고 죽이지 않았냔 말이야. 사랑으론 뭔가 부족해. 바로 무한이야. 우주의 무한성에 눈뜨는 길밖에 없어. 고개 들어 푸른 하늘을 한 번 보라구. 우주를 생각해보란 말이야. 태양은 결코 우주의 중심도 아니고 특별히 크지도 않아. 우리 은하 안에 태양만 하더라도 2000억 개가 넘어. 우주에는 이런 은하계가 무수히 널려 있어. 이게 대우주의 세계야. 이 드넓은 우주에 태양은 바닷가의 모래알보다 못한 신세야. 태양이 모래알에 불과하다면 그럼 지구는 먼지만 하겠지. 지구가 먼지라면 이 먼지 껍질에 붙어사는 인간은 뭐야. 우린 이 먼지에 달라붙어 서로 찧고 싸우고 있는 거야. 내 땅 네 땅 금 그어놓고 하는 짓이란 못났다 못해 초라하고 불쌍한 거야. 국경이란 손바닥의 손금과 같아. 중요한 건 손금이 아니라 손바닥 전체가 아니겠어.

평화를 지킨다며 시작된 군비경쟁이 오늘날 어떤 결과를 초래했는지 한 번 둘러보라구. 우리가 어떤 상황에 처해 있는지를 몰라서 그렇지 알면 섬뜩할 거야. 1945년 일본에 떨어진 원자폭탄에 이십만 명이 죽어나갔어. 그런데 이젠 그건 비교도 안 돼. 현재 미소를 포함한 세계 5강국의 핵무기 보유 현황은 2만 메가톤이야. 1메가톤짜리 하나만 서울시청에 떨어져봐. 아마 수백만 명 즉사할 거야. 히로시마에 떨어진 것은 새 발의 피라 비교할 수가 없어. 1메가톤이 고성능 폭약 TNT백만 톤이니까 2만 메가톤은 자그마치 200억 톤이라는 어마어마한 양이야. 지구를 수십 번 불바다 만들고도 남아. 이걸 사람 수로 나누면, 1인당 3톤씩 안겨줄 수 있어. 모든 사람이 폭탄을 3톤씩 지고 다닌다고 생각해 보라구.

핵무기가 전쟁 억제력이 있어 오히려 더 안전하다고 하는 사람도 있어. 하지만 뭘 모르는 얘기야. 자신들의 패배가 명확해질 때 저장고에 있는 핵무기를 그냥 묻어놓고 죽어갈 인간은 없어. 이건 인류의 역사가 보증해. 사소한 갈등이 전쟁으로 비화되고 작은 전쟁이 인류 전체를 멸망시킬 핵전쟁으로 치달을 가능성이 언제나 있는 거야. 이게 본질이야. 그래 문제의 해결은 완전 폐기하는 길밖에 없어."

활발하던 교실이 조용해지고 있다.

"이거, 너무 심각하네. 자 그럼 우리 문젤 바꿔 이거 생각해봅시다. 여러분 나폴레옹 다 알 거야. 나폴레옹하면 뭐가 떠오르지. 생각나는 대로 얘기해봐."

"불가능은 없다요."

"말 타고 가는 그림이요."

"영웅이요."

"키가 작아요."

"조세핀이요."

다양한 얘기가 다시 쏟아진다.

"다 좋아요, 좋아. 불가능은 없다고 했고 평민에서 황제가 된 사람이지. 근데 영웅이라. 왜 영웅이지?"

"위인전에 나오니까요."

"영토를 넓혔잖아요."

"영토를 넓혀서 영웅이구먼. 그럼 칭기즈칸도 영웅이고 히데요시도 영웅이고 위인이겠네."

"당연하죠."

"위인이라고 다 배웠어요."

상당수의 학생들이 자신 있게 말한다. 어떤 학생은 이상한지 침묵을 지키고 있다.

"나폴레옹이나 칭기즈칸이 어떻게 영토를 넓혔지? 전쟁이잖아. 여러분 전쟁이 뭐야. 사람 죽이는 거지. 사람 죽인 사람을 우리가 뭐라 그러지."

"살인자요."

"……."

선뜻 대답하는 학생도 있고 고민하는 학생도 있다.

"이상하지 않나. 사람 한두 명 죽이면 살인잔데 많이 죽이면 위인이고 영웅이구먼. 그럼 말이야, 히틀러도 영웅이겠네. 영토를 넓히고 많이 죽였으니까 히틀러도 영웅이고 위인이겠네. 히틀러가 영웅이면 감옥에 있는 살인자들도 작은 영웅이고 작은 위인이지."

"……."

"……."

이제 교실은 대답이 없다.

"감옥에 있는 살인자들이 잔인한 범죄자가 맞다면 히틀러나 나폴레옹이 영웅이 아니라 살인마가 되어야 하지 않겠어. 자 감옥에 있는 범죄자가 영웅인가 아니면 나폴레옹이 잔혹한 살인마인가."

"……."

"……."

"다 무도한 학살자에다 심리상태가 병들대로 병든 인간쓰레기들이야. 아니 그것으로 모자라. 그런데 영웅이래. 이게 어디 제대로 돼 먹었어. 세상에 가치관이 제대로 서 있냔 말야. 전쟁에 비할만한 범죄가 어딨고 전쟁보다 더 인간성을 황폐화시키는 게 세상천지 어디에 있다고 그놈들이 위인인가 말이야."

교실은 이미 무겁게 가라앉아 있다. 이처럼 몰입하다 보면 30분이 선뜻 지나고 종반으로 치닫는다. 45분이 모자라 종 나고도 한참 지나야

이야기가 마무리된다.

"어떻게 해서 삼국지가 동양의 고전이냔 말이야. 거기에 좋은 깨달음이 써 있나 자동차 만드는 기술이 적혀 있나 사람을 치료하는 의술이 기록돼 있나. 사람 죽이고 또 죽이고 어떻게 해야 잘 죽이나 전부 그렇잖아. 그 책에 쓸 만한 인간 어디 하나라도 있어. 유비 무슨 말라빠진 유비야. 유씨가 한 번 왕노릇 하면 계속 그래야 되는 건가. 지가 잘 났으면 조조 밑에서 백성들을 편안히 다스리는데 조금이나마 보탬이 되면 될 것 아닌가. 또 조조는 세 나라가 사이좋게 협정 맺고 평화로운 교류를 하면 어디 덧나는가. 대체 무엇을 위해 그 귀한 목숨을 희생시키는가 말이야. 삼국지 내용을 잘 살펴봐. 거기엔 몇 놈만 사람이야. 나머지 수많은 백성들과 병사들은 사람이 아냐. 벌레만도 못하고 무슨 나무이파리 같지. 관우 그놈은 열심히 사람 못 베었고 제갈량 그놈은 사람 잘 속여 무던히도 많이 죽였잖아. 그래도 머리가 좀 나아 나중에 죄 많이 지었다는 걸 알기는 알더군.

지금껏 남자놈들이 이끌어온 세계사는 바로 피의 역사야. 남자라고 다 그런 건 아니지만 남자들은 천성적으로 사람 하나 키우는 게 얼마나 힘든 건지 몰라. 지가 열 달 임신을 해봤나 출산을 해봤나 애를 키워봤나. 인간이 가지나무에 가지 열리듯 자라는 줄로 알지. 그러니까 그렇게 무 자르듯 쉽게 사람을 죽일 수 있는 거야. 나도 물론 임신도 못해봤고 애도 애엄마나 할머니가 키웠어. 내가 한 것이라곤 기껏 정자 한 마리 준 것 말고는 거의 없어.

여자들의 가장 큰 장점은 바로 생명의 고귀함을 본능적으로 안다는 거야. 이 장점을 살려 사회에 적극적으로 참여할 때가 온 거야. 옛날엔 지게질하고 곡괭이질 해야 하기에 힘이 장땡이었어. 그래 남자들이 절대적으로 유리했지만 이젠 그렇지 않아. 지금은 힘든 일을 기계가 하잖아. 이젠 노력하고 능력만 있으면 당당히 출세할 때가 된 거야. 대통령이나 장관, 국회의원, 기업가나 사상가 등등 다 반을 차지할 때가 된 거야. 이것이 시대의 흐름이면서 동시에 여성의 의무이자 권리야."

3월이 4월에 자리를 내어줄 즈음이면 교정에도 봄빛이 완연하다. 목련이 우아한 자태를 드러내고 개나리와 진달래도 긴 겨울잠에서 깨어난다. 꽃들이 한반도의 허리를 휘감을 무렵이면 여인들은 봄으로 목욕한다. 여인들은 봄이다. 봄이면 그녀들의 말은 노래가 되고 그녀들의 얼굴은 달이 되고 그녀들의 가슴은 초원이 된다. 달력이 한 칸을 움직일 즈음이면 영롱하던 교실은 희미해진다.

"선생님, 지난번에 못다한 얘기요. 마저 해주세요."

"뭐 말이지."

"신인가 진화인가 토론한다는 거요."

한 학생이 입을 뗀다.

"아 그 문제, 좋아요. 한번 토론해봅시다. 여러분은 그때 절반 정도가 신이나 진활 믿었죠. 뭐가 옳을까. 신일까 진화일까 아니면 둘 다일까."

"신이죠."

"아뇨, 진화죠."

저마다 한마디씩 한다. 근데 그냥 주장이다.

"그냥 믿는 거 말고. 근거를 대고 타당성을 제시해야지. 우기는 건 의미 없어요."

"……."

"……."

고민되는 모양이다. 선뜻 나서는 학생이 없다. 아이들 머릿속에서 뉴런이 연결되는 소리가 들리는 듯하다.

"내가 보기엔 신도 아니고 진화도 아냐."

"왜 아니죠?"

"증거가 없으니까."

"증거가 없다고요? 신은 몰라도 진화는 과학적 증거가 많은 것 아네요."

"그냥 믿는 거야. 둘 다 믿는 거에 불과해. 신은 신이라고 진화는 진화했다고 무작정 믿는 거야. 진화가 맞으려면 진흙과 바닷물이 섞여 세

포가 되어야 하잖아. 근데 한 번도 그런 적이 없어."

"그럼 선생님은 뭘 믿는데요? 대안은 있나요."

누군가 따지듯이 반문을 한다.

"글쎄, 그게 뭘까. 여기에 있는 우리들이 허깨비가 아닌 이상 분명 어딘가에 진실이 있을 텐데 말이야. 자 어디 좋은 아이디어 없나."

"……."

"……."

대답이 없다.

"자 그럼 이걸 봅시다. 우린 어디에 살죠?"

"지구에 살죠."

"아 그거야 당근이죠."

"그럼 말이야. 다른 별에도 우리와 같은 사람이 살까."

"살겠죠."

"아마 그렇겠죠."

"그거야 모르죠. 지구에만 산다는 주장도 있어요."

꼭 토를 다는 학생이 있다. 근데 이게 좋다. 이런 청개구리가 있어야 재미도 있고 변화도 있기에 말이다. 다만 답답한 개구리인 게 문제이기는 하지만 말이다. 지가 사는 웅덩이에 깨굴깨굴하는 깨구리가 있으면 다른 웅덩이에 개굴개굴하는 개구리가 있는 게 당연한 일 아닌가.

"혹시 말이야. 다른 곳에 인간이 존재한다면 그들은 무얼 믿을까. 불교일까, 이슬람교일까. 아니면 진화일까 신일까."

"……."

"……."

되게 고민되는 모양이다. 미처 생각하지 못한 문제라 허를 찔린 것 같기도 하다. 하긴 요즘 애들이 좀 바쁜가. 학교 다니랴, 학원 다니랴, 월드컵 보랴, 야동보랴 어디 시간이 있어야 생각을 할 게 아닌가.

"그러고 말이야. 그들이 과학기술이 우리보다 진보해서 아득한 옛날에 지구에 왔다면 어땠을까. 신의 불마차라 신의 영광이라 하지 않았을까. 여러분 UFO 들어봤을 거야. 오늘날의 UFO가 옛날에도 나타났다면 우리 조상들은 뭐라고 했을까."

별로 들어보지 못한 미확인비행물체라 아이들은 정말 재미있어 한다. 우리나라를 비롯한 세계적인 UFO사건들을 화보를 곁들여 얘기하면 좁은 교실의 90여 개의 눈동자들은 완전 관심집중이다. 마지막으로 엘로힘의 메시지를 소개하고 나면 한 편의 짧은 영화가 끝난 듯 교실은 정적이 흐른다. 이윽고 질문이 쏟아진다.

"책이름은요?"

"우주인의 메시지."

"그 사람 살아 있나요?"

"물론. 지금 살아 있고 한국에도 여러 번 왔다갔어."

"외계인하고 어떻게 말이 통했나요?"

"그건 간단해. 그 외계인은 프랑스어뿐만 아니라 지구상의 모든 말을 할 수가 있다는 거야. 과학이 발달했으면 언어를 아는 건 아무것도 아냐. 지금 우리도 초보적인 번역기를 만들고 있잖아."

"외계인들이 지구를 만들었나요?"

"아니. 지구를 만든 건 아니야. 그들이 지구에 와서 흙을 가지고 인간을 만든 거야."

"우리도 생명창조 가능한가요?"

"물론. 당연히 그렇지."

"외계인들이 신인가요?"

"아니. 그들은 인간이야. 우리와 같은 인간들인데 과학기술이 훨씬 진보한 거야. 그들의 능력은 어마어마해. 예를 들자면 태양계 전체를 옮길 수 있다는 거야. 그래 우리 조상들이 신으로 본 것도 무리가 아니지. 우주를 창조한 신은 없어. 자연은 그냥 존재하는 거야. 우리 조상들은 우주인들을 신으로 오해했던 거고 말이야."

"하필이면 성경이죠?"

"왜 성경이냐고. 그것 말고도 많아. 불경, 몰몬경, 코란경, 신화와 전설들 등등 수도 없이 많아. 우리나라에도 단군신화와 알에서 나온 박혁거세 얘기가 있잖아. 게다가 우주선과 우주인들을 그린 고대벽화들이 남미에도 있고 아프리카에도 있고 유럽에도 있어. 이처럼 무수히 많은데, 다만 성경이 외계인에 대한 기록이 가장 많고도 정확해서 성경을 가지고 말한 거야."

"예수님 승천은 뭐에요?"

"승천이 뭐지?"

"하늘로 간 거죠."

"그래 그거야. 우주에 널린 게 별이니까 하늘로 갔으면 말 그대로 다른 별로 간 게 아니겠어."

"외계인들은 우리처럼 나라가 있나요?"

"아니. 그들이 사는 곳은 통일되어 있어. 그들의 세계는 가장 뛰어난 사람들이 통치하고 이끌고 있어. 우리도 곧 그렇게 될 거야."

"지구에 오는 데 얼마나 걸립니까?"

"우주선으로 잠깐이면 된다고 하니 어마어마한 속력이지."

"선생님, 빛의 속력을 넘을 수 없다던데요."

"그래. 유명한 천재가 주장한 거지. 근데 왜 광속을 넘을 수 없을까."

"……."

"물체가 광속에 가깝게 운동하면 무거워지고 무거워지면 움직이는

데 필요한 에너지도 점점 커진다는 거야. 시간도 느리게 가고 말이야. 광속이 되면 무한대의 에너지가 필요해 광속에 도달할 수 없다고 한 거야. 그 뒤에 과학자들이 실험을 했지. 실험실에서 아주 작은 입자를 빠르게 운동시켰더니 입자가 무거워지는 거야. 무거워지는 건지 무거워 보이는 건지 그게 확실하지는 않지만 말이야. 여기서 핵심은 법칙이나 원리를 어디까지 적용해야 하는지 그것이 문제야. 다시 말해 현상이 먼저일까 법칙이나 수식이 먼저일까."

"……."

"너무 어려워요."

"이해가 안 돼요 선생님."

"법칙이나 수식보다 현상이 먼저야. 원리나 법칙은 항상 일정한 범위에서 성립하는 건데 원리나 수식을 지나치게 확장해서 그런 결론을 내린 거지. 예를 보자고. 옛날 사람들은 공기보다 무거운 물체는 하늘을 날 수 없다고 했어. 그러다 비행기가 나오니까 이젠 소리의 속도를 넘을 수 없는 궁극의 속도라고 했지. 음속을 돌파하면 우리가 이해할 수 없는 일이 일어나고 차원이 달라지고 뭔가 무시무시한 일이 일어날 거라고 두려워했어. 근데 1947년 조종사 예거가 음속을 돌파했을 때, 어찌되었나. 아무 일도 없었어. 단지 소리가 뒤쫓아 왔던 거야. 광속을 넘을 수 없는 건 물체의 근본적인 속성이라고 하지만 난 그렇게 안 봐. 결국 이 문제는 우리가 원자력 로케트를 만들어 우주여행을 하게 되면 다 밝혀질 거야."

"외계인이 지구를 침공하는 건 아닌가요."

"어때 침공할 거 같나. 영화나 소설을 보면 침략하지. 그럼 무엇 때문에 그럴까?"

"식량이나 땅이 부족해서요."

"식량과 땅이라. 생명을 창조할 정도의 능력이면 쌀이든 과일이든 야채든 고기든 간단히 만들 수 있는 거 아니겠어. 소는 소고기 만드는 기계고 벼는 쌀 만드는 기계가 아닌가 말이야. 또 지구는 우주에서 흔하디 흔한 모래알에 불과해. 무슨 탐이 난다고 침략하겠어. 다 우리들 생각이야. 우리가 침략하고 전쟁하니까 그런 영화와 소설을 만드는 거야."

"그냥 쳐들어올 수 있잖아요?"`

"그럴까. 여러분 유치원생들이 놀고 있는데 말이야. 거기 가서 일부러 훼방 놓고 납치하고 그러고 싶나. 그렇게 하고 싶냔 말이야. 외계인들이 보았을 때 우린 보자기에 싸인 아이에 불과해. 뭐하러 침략하겠어."

"선생님. 그럼 외계인들은 전쟁 안 하나요?"

"그래, 전쟁 없다고 해. 그 대신 격렬한 스포츠가 발달했다는 거야. 외계인들이 밝힌 중요한 게 있어. 그건 자신의 태양계를 벗어날 정도의 문명에 도달한 존재들은 예외 없이 평화를 사랑한다는 거야. 우리가 바로 그 시기지. 지금 우리가 평화를 유일한 목적으로 하지 않는다면 우린 스스로 자멸하게 될 거야. 우리끼리 하는 핵전쟁에 의해서 말이야."

"썬생님 그거 혹시 뻥 아녀요?"

그 순간 까르르 웃음이 터진다. 요건 당돌한 청개구리다. 당돌함도 좋다. 당돌함이 있어야 앞으로 나아갈 수 있다. 그래 당돌함은 용기와 사촌이다.

"가만 조용히 해봐. 좋은 질문이야. 뻥이라고 볼 수도 있고 꾸몄다고 볼 수도 있어. 중요한 건 자신의 생각이야. 여러분은 진화론을 믿든 기독교를 믿든 불교를 믿든 이슬람교를 믿든 좋을 대로 해. 다만 무조건 믿지 말고 충분히 숙고한 뒤에 믿으라구. 지금 어려우면 고등학교나 대학교 때 잘 생각해서 믿고."

"선생님은 그거 믿으세요?"

"진지하게 검토할 가치가 있다고 봐. 우린 우리가 어디에서 왔는지 확실히 모르고 있으니까 말이야."

"그래도 신을 믿을래요. 어쩌면 신이 외계인을 창조한 건지도 모르잖아요."

"그래. 믿고 싶은 대로 해. 옛날 사람들은 하늘 위에 신이 존재한다고 믿었지. 하지만 우리가 비행기 타고 로켓 타고 하늘에 가봤지만 신은 없었어. 오늘날 우리가 하늘 위에 존재한다는 신을 믿을 근거는 점점 사라지고 있어. 진화론도 마찬가지야. 무생물이 우연히 생물이 된 적도 없고 돌연변이는 나쁜 것만 나와. 그래 신은 없고 진화는 불가능해."

"신이야 그렇다 치고, 그래도 진화는 여러 증거가 있잖아요?"

"화석이나 흔적기관 말인가. 그거 다들 증거가 아니야. 화석을 조사하면 생물이 완벽한 형태로 갑자기 출현해. 이건 진활 증명하는 게 아니라 오히려 부정하는 거지. 여러분 이거 생각해봅시다. 생물이 단순할까 복잡할까. 여기 손에 핸드폰하고 요 앞에 장미꽃하고 어느 쪽이 더 복잡하고 정교할까."

"장미요."

"아니, 핸드폰이요."

"그래. 방금 말한 학생처럼 옛날 사람들도 생물이 단순하다고 생각했어. 그래 시궁창이나 지저분한 냇가에서 개구리나 벌레가 저절로 생긴다고 믿었지. 이게 자연발생설이야. 이 발생설을 많은 사람들이 오랫동안 믿고 따랐지. 그런데 파스퇴르가 이게 불가능하다는 걸 실험으로 엄밀하게 증명한 거야. 진화는 이 자연발생설과 본질적으로 똑같아. 이 자연발생에다 이런저런 말을 잔뜩 끌어다 붙여놓고 시간만 쫙 늘여놓은 거에 불과한 거야. 여러분, 선진국인 캐나다에서는 말이야. 캐나다의 과학교과서에는 우리 인간의 기원에 대해서 신, 진화론 그리고 외계인창조론을 차례로 소개해놓았어. 여러 학설을 쭉 설명해놓고, 학생들이 스스로 생각해서 판단하게 하고 있는 진보적인 나라도 있어."

"외계인들은 왜 지구에 오죠?"

"우리를 도와주려고."

"어떻게 돕는데요?"

"우리가 그들의 방문을 원하면 오겠다는 거야."

"원한다는 게 뭔데요?"

이 개구리는 도전적이고 호기심이 강한 개구리이다. 오늘이 뭐 개구리 날인 모양이다. 다양한 개구리들이 줄지어 연회에 들어서고 있으니 말이다. 근데 예쁜 암캐구리는 언제쯤 등장할런지 궁금하다.

"아, 좋아. 새로운 것에 관심이 아주 많구만. 조그만 건물이 세워지면 오겠다는 거야."

"그 건물 지었나요?"

"아니. 아직까지 못 지었어. 예루살렘에 지으려고 했는데 이스라엘이 거부했어. 그래 이젠 지구상 어디에나 지을 수 있게 됐어."

"어떤 나라에 지어지는 데요?"

"평화를 사랑하고 선하게 살아온 나라에 세워질 거야. 이게 인과응보야. 폭력적이고 야만적인 나라에 세워진다는 건 말이 안 되는 거야. 그래야 이치에 맞는 거고. 대사관이 건설될 그 나라는 앞으로 세계를 이

끌어가는 중심이 될 거야. 서울이 한국의 수도인 것처럼 그 나라는 지구의 수도가 되는 셈이지. 또 앞으로 전 세계가 통일될 때 세계연합정부는 아마 그 나라에 들어선다고 봐야지. 명실상부한 실질적인 중심이 되는 거야."

"그럼 우리나라에 세우면 좋겠네요."

욕심이 나는 모양이다. 뎅기도 그렇다. 이왕이면 한반도에 대사관이 세워지면 얼마나 좋을까. 근데 참 귀여운 개구리이다. 귀여우니 요걸 암캐구리로 하자. 요 사랑스러운 개구리의 말처럼 되기만 한다면 얼마나 환상적일까.

"좋지. 근데 몇 사람이 우리 집 앞마당에 세우자고 해서 될 문제는 아냐."

"왜 안 되는 데요?"

"외교적 승인을 받아야 되는 거야. 정부의 공식적인 치외법권을 인정받아야 되는 거지. 이게 어려운 일이야. 여러분 광화문에 가면 미국대사관 있지. 그 건물과 땅은 우리게 아니라 미국 거야. 또 미국에 있는 한국대사관은 한국 거고 말이야. 이걸 치외법권이라고 해. 마찬가지로 엘로힘대사관 건물과 딸린 토지가 외계인 거라는 정부의 공식적인 승인을 받는 일이 어렵고 힘든 거야."

"그럼 못 세우나요."

"거의 불가능에 가까울 정도로 어렵다는 거야. 아주 힘들고 어려운 일인 건만은 분명해. 힘든 일이지만 세워진다면 평화를 사랑해오고 뛰어난 정신성을 지녀온 나라에 건설될 거야. 그리고 이건 내 생각인데 말이야. 대사관이 건설되는 과정에서 창조의 비밀이 드러나게 될 거야."

"창조의 비밀이 뭔데요?"

"그건 창조자 루시퍼와 관련된 일이야. 창조자들 팀은 여럿 있었다고 해. 그 과학자들이 다양한 인종과 수많은 민족을 창조한 거지. 그 창조자들 중에서 인간 창조에 가장 적극적이었던 조그마한 그룹이 있었어. 이 그룹의 장이 루시퍼였는데 그는 최고의 과학지식과 놀라운 통찰력을 갖춘 창조자였지. 인간창조는 루시퍼의 지식에 힘입어 이루어진 걸로 보여져. 인간을 창조한 후에 엘로힘 정부가 인간을 실험실의 위험한 동물로 여기고 원시상태로 살게 했지. 그때 루시퍼가 정부의 명령을 어기면서까지 인간에게 진실을 밝히고 지식의 불을 전수한 거야. 그 후에 엘로힘 정부가 인간창조를 실패작으로 규정하고 홍수를 일으켜 지구상의 모든 생물을 쓸어버리려고 했을 때도 루시퍼는 온갖 반대를 무릅쓰고 인간을 구원했던 거야. 이 홍수가 바로 노아의 대홍수야. 이 노아의 대홍수 이후에 엘로힘 정부에서 중대한 일이 일어났고 인간들 역시 자신들과 동등하다는 걸 깨닫게 되었지. 루시퍼가 옳았다는 게 증명된 거야.

한마디로 루시퍼라는 창조자는 인류에게 헤아릴 수 없는 은혜를 베풀어주었던 거지. 바로 용기와 통찰력의 화신이라고 볼 수 있어. 그래 놀라운 과학지식과 최고의 지혜를 갖춘 루시퍼가 창조한 민족은 분명 다를 거야. 더 지성적이고 더 평화로운 민족이면서도 강인한 민족일 거야. 왜냐면 창조물이란 창조자의 속성을 반영하는 거울이니까 말이야. 그리고 그 민족은 창조 이래로 수많은 종족과 민족이 도태되고 사라졌건만 지금 분명 지구상에 생존해 있을 거야."

"선생님, 혹시 유태인 아닌가요?"

"천재민족 유태인 말이지. 그래 유대인일 수도 있지. 유명한 천재민족이니까 충분히 가능성이 있지. 중동의 수메르 민족일 수도 있고 아프리카의 소수부족인 도곤 족일 수도 있어."

"선생님은 다 아시잖아요. 정확히 얘기해주세요."

"아냐, 나도 정확히는 몰라. 단지 추측해보는 거야. 다만 우리가 절멸할 수 있는 대위기가 당장 내일이라도 발생할 수 있다는 게 무서운 사실이야. 현재 우리 인류는 핵전쟁에 의해 멸망할 가능성이 매우 높고 핵의 위험을 경고하는 핵시계는 자정 7분 전이야."

"핵시계가 뭔데요?"

"인류종말시계라고도 하는데 자정을 가리키면 파멸적인 전쟁이 발발

해 우리가 모두 사라지는 걸 나타내는 거야. 최근 51분에서 2분 더 당겨져 53분인 상황이지. 이건 우리가 멸망할 가능성이 90%라는 얘기야. 우리 인류가 죽느냐 사느냐 하는 갈림길에 인류를 구하는 결정적인 민족이 등장할 거야. 어쩌면 그 루시퍼의 민족이 위기에 처한 인류를 구하게 될지도 모르고 말이야. 분명한 건 동양이든 서양이든 루시퍼가 창조한 그 민족이 현재 존재해 있을 거라고 확신해. 이 얘기는 이 정도로 하고 다른 질문 있으면 해봐요."

"선생님, 그 외계인들은 누가 만들었어요?"

"그 앞의 다른 외계인들이 창조했지."

"그럼 그 외계인들은요?"

"그 앞의 또 다른 외계인들이 만들었지."

"그럼 그들은요?"

"또 그 앞의 외계인."

"그럼 시작은요? 맨 처음엔 누가 만들었죠?"

"그냥 끝없이 한없이 올라가는 거야. 인간은 무한한 시간 이전부터 다른 행성에 자신을 닮은 인간을 창조해왔던 거야."

"선생님 그거 말구요. 맨 처음 시작 말예요. 태초에 누가 만들었냐 이거죠."

이건 언제나 빠지지 않고 나오는 질문이고 또 가장 오해되어 있는 문제이다. 이 시작에 관한 문제는 학생개구리뿐만 아니라 일반개구리들도 혼란스럽기는 마찬가지인 모양이다.

"시작이라고. 시작이 뭐지? 누가 한 번 얘기해봐."

"무에서 유가 되는 거요. 그게 창조잖아요."

"그래, 그럼 무와 유는 무엇이고 어떻게 다른지 차이점을 얘기해봐."

"……."

"……."

"세상에 처음은 없어. 자 바닷물이 구름이 되고 구름이 비가 되지. 그 비가 강물이 되고 강물이 다시 바닷물이 되지. 여기서 맨 처음이 어디지? 끝이 또 어딘지 말해 보라구. 없잖아. 바로 이거야. 우주는 시작도 끝도 없이 단지 그 형태만 변해가는 거야. 이게 대자연의 본성이야."

시작이라는 개념은 어떤 것의 발단 또는 비롯됨을 의미한다. 발단이나 비롯됨은 어떤 하나의 현상이 또 다른 하나의 현상으로 전이해가는 것을 나타내는 말이다. 즉 현상에서 현상으로 옮겨가는 과정을 말하는 것이다. 그래 아무것도 없는 현상에서 어떤 것이 생기는 창조를 의미하는 게 아니다. 아무것도 없다는 말이 아무것도 없는 그 자체를 뜻하는 것이 아닌 것처럼 말이다. 언어란 항상 제한적일 수밖에 없고 그 대상 자체와는 분리되어 있다. 우리는 어떤 노력을 기울여도 '아무것도 없다' 는 것을 결코 이해할 수 없다.

시작이라는 말은 현상들의 변화를 나타내는 하나의 현상일 뿐이다. 수많은 현상들이 변해 가는데 이 변하는 무수한 현상들의 과정을 가리키는 말이다. 그러므로 시작이라는 단어를 가지고 자연현상이 모두 어디에서 왔냐고 묻는 것은 난센스다. 왜냐하면 시작 역시 자연현상에 포함된 무수한 현상 중의 하나일 뿐인데 이 시작한테 모든 현상이 어디에서 왔냐고 따지는 것은 시작이라는 단어한테 너무 과중한 짐을 지우는 일이기에 말이다. 아니 시작이라는 입장에서 보면 기가 찰 노릇이다. 이는 마치 사랑사과, 이브사과, 지구사과, 시작사과, 몽고사과, 수정사과 등등의 수많은 사과가 있는데, 시작사과한테 모든 사과를 비롯한 과일들이 어디에서 왔냐고 바른대로 대라고 우기는 것과 같다. 시작사과는 단지 이름이 시작일 뿐이다.

시작이 무어냐고 묻는 것은 심오한 질문도 아니요, 더군다나 대단한 질문도 아니다. 그 질문 자체가 성립되지 않기에 말이다. 우주는 시간적으로 공간적으로 무한한 것이 아니라 질문이 성립하지를 않는 것이다. 우주의 시작에 대해 답을 하라고 요구하는 것은 그 자신이 무얼 하고 있는지 제대로 인식을 못했다는 말 그 이상도 그 이하도 아니다.

자연이 어디에서 왔냐고 하는 것은 질문할 수 있는 게 아니라 그 영역 밖에 놓여 있는 그 무엇인 것이다. 궁극적 목적이 무언지, 존재가 무엇인지, 있는 것이 무엇인지 이런 것을 넘어선 곳에 단지 그냥 있는 그 무엇들인 것이다. 자연은 무수한 현상들의 어우러짐이며 불꽃처럼 뒤엉기는 춤이다. 그러기에 기본적인 논리학에서부터 선승들의 기이한 선문답식의 어떤 얘기도 다 성립될 수 있는 것이다. 인간이 지고의 존재라고 해서 그렇게 된다면 얼마나 좋을까! 우주가 유한하다고 해서 유한하거나 무한하다고 해서 무한하다면 정말 얼마나 좋을까!

자연은 유한하다고 해서 유한하거나 무한하다고 해서 무한한 것도 아니다. 무한하다는 단어는 끝없이 이어진다는 뜻을 나타내는 하나의 현상일 뿐이며 무한이라는 말이 무수한 현상 자체는 아니다. 무한이란 정의할 수 있는 것도 아니고, 무어라 말할 수 있는 것도 아니다. 무한에선 그 무엇도 그 어떤 것도 의미를 상실하기에 말이다.

'정의할 수 없다' 는 바로 앞의 문장도 정할 수 없다는 어떤 규정을 정하고 있으니 이것 역시 무한을 제대로 표현한 것이 아니다. '제대로 표현한 것이 아니다' 라는 방금 전의 문장 역시 우주의 무한성을 올바로 나타난 게 아닌 것처럼 말이다. 언어란 진정으로 제한적이다. 그래 현상은 언어를 여의였다고 말하는 것이며 자연은 언어를 포함한 무수한 현상들로 이루어지면서도 그것을 넘어선 그 이상의 것이다. 마찬가지로 생명 역시 의미도 목적도 없이 단지 존재하는 하나의 현상이다. 인간이란 구르는 돌멩이처럼 일렁이는 물결처럼 행성에서 행성으로 끝없이 이어지는 소중한 어떤 고리이다.

"선생님은 UFO 본 적 있나요?"

"아니, 아직까지 못 보았어. 직접 보지는 못했지만 있다고 생각해."

"직접 보지도 않고 어떻게 믿나요? 그거 환상이나 미신 아닌가요?"

"좋아. 아주 좋은 질문이야. 보질 않고 어떻게 믿느냐 이 말이지. 우리 생각해봅시다. 여러분 이 교실 안에 공기가 있나 없나. 자 누구든지 얘기해봐."

"……."

"있어요."

"어떻게 알지? 안 보이잖아."

"숨쉴 수 있고 바람이 불잖아요."

"바로 그거야. 공기는 누구도 못 보지. 그러나 볼 수는 없지만 있다고 할 만한 근거가 있으니까 우린 공기가 존재한다고 인정하는 거야. 이걸 추론이라고 해. 추론을 잘 이용하면 많은 걸 알 수가 있어. 마찬가지야. 나도 이처럼 생각과 추론을 통해 외계인이 있다고 생각하는 거지."

"UFO는 대부분 착각이나 가짜라고 하잖아요."

요개구리는 하나도 귀엽지 않은 개구리이다. 엉덩이에 뿔이 아니라 머리에 쥐 난 깨구락지이다. 망할 놈의 깨구리 같으니. 근데 다 똑같으면 하나도 재미없다. 이런저런 개구리가 있어야 살맛난다.

"그래, 환상이라고 하는 사람도 있어. 사진을 조사했더니 대부분 가짜였다는 분석도 있고 말이야. 하지만 뭔가가 진짜로 있는 거야. 비행기 조종사나 관제탑요원, 우주비행사 등 전문적으로 훈련받은 사람들이 본 뭔가가 확실히 존재한다는 사실이야. 미국이나 러시아 정부는 다 알고 있어. 그들이 UFO정보를 제일 많이 갖고 있으니까 말이야. 근데 문제의 핵심은 숨기고 은폐하고 있다는 사실이야. 그래 음모다 아폴로가 달에 갔네 안 갔네 말들이 많은 거야. 하이네크라는 유명한 천문학자가 있었어. 이 하이네크 박사도 처음 UFO를 착각이라 하면서 인정하지 않았지. 그런데 그가 미공군 UFO조사위원회에 참석해 수많은 목격사건을 체계적으로 조사하고 분류하게 되었어. 그 뒤에 그는 우리의 과학기술을 월등히 뛰어넘는 어떤 물체가 분명히 실재한다고 발표했어. 그는 UFO가 존재하며 외계에서 온다고 확신했던 거야."

어느 새 종이 울린 지 오래인데도 질문은 사그라질 줄 모르고 어떤 개구리들은 교무실까지 따라오며 울어댄다. 다음 시간을 기다렸다는 듯이 질문이 터져 나온다. 기독교 믿는 개구리들이 유난히 더 크게 운다.

"선생님 지난 번 그 책이요. 읽어보았는데 이상해요. 라엘이란 사람 혼자 만났고 사진도 없고 증거도 없던데요. 그 사람 사기꾼이나 사탄 아녜요?"

"그렇게 볼 수도 있어. 판단은 각자 하는 거야. 물질적인 증거는 아무 것도 없고 그 책 한 권이 전부야. 구체적 증거도 없고 책 한 권이 전부지만 중요한 건 이치에 맞냐 안 맞냐야. 여러분 사탄이 뭔가. 저 구름 위에 떠다니며 번개를 내리치는 괴물이 사탄인가. 아니면 뿔 달린 코뿔소인가. 사탄이란 인간의 창조에 비판적이었던 외계인 중의 한 사람일 뿐이야. 악마는 없어. 있다면 그건 인간의 파괴적인 공격성일 뿐이야."

"666은 뭐예요?"

"666은 악마하고 아무 상관이 없어. 그건 사람의 수야. 창조된 이래의 세대수인데 1945년도에 태어난 인간이 666세대에 해당한다는 거야. 한 세대를 20년으로 본다면 최초의 인간은 대략 1만3천 년 전에 창조되었다는 얘기가 되지."

"그럼 말세는 뭔데요?"

"세상의 종말이라는 거 말이지. 종말은 없어. 말세의 원어는 아포카립스인데, 이 말이 잘못 해석된 거야. 원래 아포카립스는 세상의 종말이 아니라 진실의 계시야. 진실의 계시란 신비적인 종교가 과학으로 이해되는 것을 말하는 거고. 성경은 오늘날을 위해 기록해둔 진실의 흔적이고 말이야."

"1999년 8월에 멸망한다는 것은요?"

"노스트라담스의 예언 말이지. 난 그렇게 안 봐. 앙골모아 대왕이 나오는 문제의 그 4행시는 해석이 여러 가지고 학자들도 서로 견해가 달라. 멸망이라 번역할 수도 있고 새로운 세상의 시작으로 볼 수도 있어. 여기서 중요한 건 예언이란 과학적인 예측이라는 거야. 장기적인 일기예보라고 보면 돼. 그는 외부에서 텔레파시를 받고 나중에 알아보게끔 교묘하게 예언시를 남겨둔 거야. 그러니까 일종의 경고인 셈이지. 인간이 핵전쟁을 하고 환경을 파괴하면 인간 스스로 자신을 파멸시키는 것이지 다른 무엇이 인간을 멸망시키는 게 아니야. 전쟁 안 하고 자연과 조화하면서 사이좋게 지내면 멸망은 없어. 다 우리에게 달린 거야."

"외계인들은 시간여행을 할 수 있나요?"

요놈의 개구리는 과학책 좀 읽었거나 아님 영화를 졸라 많이 본 걸게다. 시간여행은 신나고 재밌는 소재다. 시간이라는 신발을 신고 고대로 올라가 죽이는 미인들 보고 한 번 했으면 원이 없겠다. 근데 초선이를 먼저 볼까 황진이를 먼저 볼까. 아니면 양귀비를 먼저 볼까 어우동을 먼저 볼까.

"타임머신 말이지. 어때 여러분 생각엔 과거나 미래로 가는 게 가능하다고 보여지나?"

"과학이 엄청 발달하면 혹시 모르잖아요."

"그럴까. 자 생각해봅시다. 시간이 뭐지?"

"시계로 잰 거죠."

"좋아. 아주 좋아요. 시간은 시계로 잰 거야. 자 그럼 이번엔 말이야. 시계 바늘이 멈추면 어떻게 되지. 그럼 시간도 멈추나. 또 바늘이 거꾸로 가면 시간도 거꾸로 가나."

"……."

"천천히 생각해봐. 시간이란 움직여도 있고 가만히 있어도 있는 그 무엇을 가리키는 거야. 그러기에 시간이란 길 가듯이 왔다 갔다 하는 것도 아니고 여행할 수 있는 것도 아니야. 로켓이 광속보다 빠르게 이동한다고 쳐. 이쪽에 달이 있고 저쪽에 해가 있고 그리고 저 멀리 토성, 목성이 있어. 자 로켓이 어디로 갈 건가. 오른쪽으로 가든 왼쪽으로 가든 제아무리 빨리 가더라도 왜 거기에 지구의 과거나 미래가 있나. 시간이란 현상들의 배열을 말하는 거야. 그래 언제나 현재인 거지. 더 정확히는 인간 뇌 속의 일련의 기억 덩어리의 흐름을 가리키는 단어일 뿐이야."

"외계인들은 무얼 믿는데요?"

"무한이야. 우주의 무한성이 그들의 종교이자 세계관이야. 또한 인간의 재능을 믿지. 거의 무한한 두뇌의 능력을 믿고 신뢰하고 있어."

"귀신은 있나요 없나요?"

"귀신 본 사람 있나. 아무도 없네. 귀신은 꼭 비 오는 밤에 나타나. 그것도 공동묘지에서 말이야. 머리 산발하고 으스스하게 나타나면 다 나가떨어져. 근데 이거 뭐야. 그냥 에너지야. 비바람이 세차게 불면 시체의 뼈 성분인 인이 날름거리며 하늘로 올라갈 거 아냐. 공동묘지라 그렇잖아도 소름끼치는데 퍼런 것들이 히히덕거리니 영락없는 귀신으로 보이는 거지. 생각해보라고. 귀신이나 영혼이 있다고 쳐. 근데 뭐로 말하고 뭐로 보고 뭐로 움직이냔 말이야. 입이 있어야 말을 하고 눈이 있어야 볼 것이고 손발이 있어야 움직일 것 아니냔 말이야. 대단히 기분 나쁘겠지만 귀신도 없고 영혼도 없어. 인간은 기계야. 다만 자동차나 시계에 비할 수 없을 정도로 세련되고 정교한 거지. 다시 말해 귀신은 시퍼런 에너지에 불과하고 시간은 기억한다는 말의 다른 말일 뿐이야."

"죽었다 다시 살아난 사람들은 뭐죠?"

"임사체험이라고 하는 거 말이지. 유체이탈도 있어. 이걸 가지고 사람들이 영혼이 있다고들 하지. 여러분 이 세상에 최고로 신비로운 게 하나 있는데 그게 뭔지 아나. 자 누가 한번 말해봐."

"……."

"뭔가를 볼 수 있고 생각할 수 있다는 거야. 이것보다 더 신비로운 건 세상에 없어. 죽었다 살아났다는 사람들은 신체의 기능이 잠시 정지된 것에 불과한 거야. 그런 상태가 되어 혈액과 산소가 부족해지면 뇌 속에서 어떤 반응이 일어나게 돼. 깜깜한 터널을 통과하는 것 같기도 하고 하얀 빛이 다가오는 것 같기도 하고 말이야. 만약 죽은 다음에 그 시체를 태웠거나 가루로 만들었어봐. 다시 살아나겠냔 말이야. 또 어떤 충격을 받은 후에 이상하게도 내가 내 몸 밖에서 나를 내려다보고 있었다고 하지. 의사가 응급처치를 하고 야단법석을 떠는 걸 지켜보다가 내 몸 속으로 들어와 다시 정신을 차린다고들 하지. 이게 유체이탈이야.

근데 이게 뭐겠어. 그냥 뇌의 한 기능이야. 뇌에는 부위별로 하는 일이 다 달라. 마치 정부에 부처가 있어 업무가 다른 것처럼 말이야. 어떤 부위는 언어를 담당하고 어떤 부위는 보는 것을 담당하고 또 어떤 것은 숨쉬는 걸 담당하고 있어. 그래 조그만 전류 침으로 특정부위를 자극하면 꽃을 보기도 하고 막 중얼거리기도 해. 울기도 하고 웃기도 하고 별짓을 다하지. 이것처럼 뇌의 특정부위가 자극되면 마치 몸 밖에서 나를 내려다보는 것 같은 반응이 뇌 속에서 일어나는 거야. 이게 다야."

"그럼 부활은 뭐예요?"

"그래, 뭘까. 부활은 다시 태어나 사는 거잖아. 부활은 세포 속에 들어 있는 DNA를 이용해 동일한 사람을 만들어내는 거야. 자 지금 내가 살아 있을 때 이마의 세포를 떼어 보존해두었어. 죽은 뒤에 그 세포를 기계장치 속에 넣으면 똑같은 내가 나오는 거야. 뇌의 정보를 그대로 입력하면 기억도 같고 성격도 같아. 마치 하룻밤 자고 일어나는 것과 같지. 이게 바로 부활이고 복제인데 과학이 발달하면 우리도 가능하게 될 거야."

"복제인간을 막 찍어내면 큰일 나잖아요. 인구도 엄청 늘어나고 자연의 질서에도 어긋나고 그렇잖아요."

"이 부활은 아무나 되는 게 아니야. 완벽히 동일한 홍길동 수백 명 수천 명이 어디에 필요하겠어. 똑같이 행동하고 똑같이 생각하는 사람이 두 명 있다면 이미 한 사람은 필요 없다는 거 아니겠어. 사회에 공헌하고 업적을 남긴 사람만 사후에 복제시키는 거야. 공자나 세종대왕이나 에디슨이 다시 살아난다고 쳐. 우리에게 큰 도움이 되지 않겠어. 여러분도 뛰어난 업적을 남기면 불사가 될 수 있어. 물론 엄격한 심사가 있어야겠지. 반대로 사악한 죄를 지은 사람들은 언젠가 재생되어 그에 상응하는 벌을 받게 된다는 거야.

그리고 복제가 질서에 어긋난다는 건 뭘 모르는 얘기야. 우리가 어떻게 사람이 되었나. 바로 하나의 세포가 자라서 된 것 아니겠어. 하나의 세포인 수정란이 사람이 된 근본원리가 바로 복제야. 복제가 없다면 우린 지금 이렇게 사람이 되어 존재할 수도 없고 살아갈 수도 없는 거야. 이처럼 복제는 생물체를 이루는 근본법칙이자 원리인 거야. 이 복제는 박테리아 같은 단세포생물이나 식물의 꽃꽂이처럼 단순한 생물들이 흔히 번식하는 무성생식이고 말이야. 지금까지 인간은 무성생식을 통해 자손을 남길 수가 없었는데 과학기술의 진보가 이것을 가능하게 한 것일 뿐이야."

"그래도 복제는 나쁜 거잖아요?"

"복제가 나쁘다고. 뭐가 나쁘다는 거지?"

"기형이나 괴물을 만들잖아요."

"처음엔 다 부족하고 불완전한 거지. 자동차나 비행기나 맨 처음 만들 때부터 잘 달리고 잘 날았겠어. 여러분 중에 태어나자마자 뛰어다니고 말한 사람 있냐 말이야. 그렇게 시행착오를 거치면서 발전하는 거지. 복제기술은 우리에게 이로운 거야. 도움이 되었으면 되었지 해는 별로 없어. 자, 보자구. 우리 주위에 장애자들 많잖아. 이런 장애자들 다 고칠 수 있어. 복제기술로 말이야. 심장도, 눈도, 간도, 팔다리도 다 만들어낼 수 있는 게 복제야. 암이든 에이즈든 유전병이든 불치병이든 장애든 다 완벽히 고칠 수 있는 게 바로 복제기술이야. 그런데 뭐가 나빠. 좋기만 하잖아."

"복제인간 만들어서 심장을 떼어내면 그 복제는 죽잖아요?"

"아하. 그래서 반대했구먼. 심장 아픈 사람 고칠 때 복제인간을 만들어서 고치는 게 아니야. 세포를 복제할 때 배아줄기세포라는 게 생겨. 근데 이게 만능이야. 뭐든 다 될 수 있어. 이 만능세포에서 필요한 것만 키워내는 거야. 심장이면 심장, 손가락이면 손가락, 눈이면 눈, 다리뼈면 다리뼈만 만들어내 이식하는 거야. 그러니까 사람을 만든 다음에 죽이는 게 아냐. 필요한 부분만 되살려내는 거지."

여성이 세계를 구하리라

뜨락의 벚꽃이 눈송이처럼 날릴 오월 초이면 학교는 한바탕 홍역을 치른다. 시험이라는 홍역이 휩쓸고 지나가면 학생들은 얘기해달라 졸라댄다. 굴속의 아슬아슬했던 순간과 강릉 앞바다에서 위험했던 경우도 꽤 재미있어한다. 이때에 화재가 나거나 조난당하거나 기도가 막히거나 등등의 위기에 대처하는 요령을 들려준다. 공자와 장기기증, 그리고 신의 손이라 불렸던 실전무도가 등등의 얘기를 학생들은 다 재미있어한다. 하지만 뭐니뭐니해도 학생들이 제일 흥미있어하고 질문이 소나기처럼 쏟아지는 건 역시 예술교육이다.

"선상님, 지난번에 복제기술이 무성생식이랬잖아요? 그럼 유성생식은 뭔데요?"

"그거 여러분 잘 알 텐데. 복제가 무성생식이니까 유성생식은 남녀가 섹스해서 애 낳는 거야."

"와, 섹스!"

"오, 굿 섹스!"

"섹스가 뭔데요?"

"섹스는 어떻게 하는데요?"

이놈 저놈 한마디씩이다. 여기저기서 응원이 한창이고 합창하듯 거든다. 예술얘기 못 들으면 잠도 안 올 거라며 반은 거의 애원조다. 대답이 없으면 학란學亂이라도 일어날 태세다.

"정말 모르나. 아니면 알면서 묻나?"

"몰라요. 아는 사람 없어요."

"자세히 얘기해주세요. 으윽 선생님, 공부가 안 돼요."

"좋아. 그럼, 할 수 없네. 섹스는 남자의 자지와 여자의 보지가 결합하는 거야."

바로 그 순간

"깔깔깔깔깔"

"끼르륵 끼르륵 끼르륵"

"킥 킥 킥 킥"

"히 히 히 히"

자지라는 얘기가 입술에서 떨어지자마자 교실은 한순간에 넘어간다. 정다운 그 단어를 언제 한 번이라도 제대로 들어본 적이 있나. 더군다나 선생님의 입에서 그 얘기 나올 줄은 몰랐으니 학생들이 자지러지는 것도 무리가 아니다.

"아니, 이거 좋은 말이야. 근데 처음 들어보나 보지. 이 좋은 말을 두고 거시기나 XX는 뭐고 물건은 또 뭐야. 거시기는 귀신도 몰라. 자지나 보지는 손가락이나 코나 입과 같은 거야. 자, 따라 해봐. 자지와 보지."

"……."

"아니 소리가 작아. 그리고 너, 왜 안 따라 하나. 다시 시작."

"……."

"뭐 자지와 보지가 맘에 안 들어. 그럼 다시. 이번엔 제대로 해. 보지와 자지."

책상을 미친 듯이 내려치며 히히거리는 아이, 몸을 뒤로 젖히며 웃어대는 녀석, 허리를 흔들어대며 배를 움켜주고 킥킥거리는 놈, 옆 사람을 껴안고 덩달아 파안대소하는 자식, 배꼽이 빠지도록 웃다 의자 옆으로 굴러 떨어지는 짜식, 하도 웃어 배가 아파 학학대는 새끼, 일어났다 앉았다 하면서 어쩔 줄 몰라하며 웃는 시끼. 마치 〈시네마 천국〉의 한 장면 같다. 나 역시 웃어대는 이 순간이 좋아 모든 것을 잊는다. 재미있어 죽겠다는 표정으로 누군가 질문을 잇는다.

"선생님, 자지는 어떻게 꼴려요?"

"흥분하면 심장이 빨리 뛰고 피가 모여 자지가 빨딱 서는 거야. 이걸 발기라고 하지."

"그거 나쁜 거 아녜요? 저질 아니냐구요?"

"뭐 보지와 자지가 저질이라구. 그럼 뭐가 고질이지. 새로 나온 HDTV가 고질인가."

"아니 그것 말고요. 음란 아니냐구요?"

"뭐 이젠 음란이라구. 성이 뭐가 음란이지. 여러분 중에 부모님이 섹스 안 하고 태어난 사람 있나. 육체가 더럽고 섹스가 음란하다면 우린 모두 음란의 자식들이네. 너나 할 것 없이 어둠의 자식들이고 음란의 산물이네. 난 그렇게 생각하지 않아. 성만큼 우리 육체만큼 순수한 게 세상에 어디 있나. 자신의 육체를 부끄러워하는 인간이 어떻게 인생을 긍정하며 자신과 타인을 사랑할 수 있겠어. 머리는 생각하라고 손은 만지라고 입은 먹고 말하라고 눈은 보라고 있는 거야.

마찬가지로 보지와 자지는 배설하고 쾌감을 느끼라고 있는 거야. 그래 탄생은 축복이고 육체는 기쁨의 정원이야. 그 기쁨 중에서도 성은 창조자의 최대 선물이지. 다시 말해 인간을 존속하게 해주고 서로를 이어주며 최고의 즐거움을 주는 성을 쉬쉬하며 부끄러워한다는 건 이미 반은 불구자인 셈이야. 그러고 말이야 말을 하려면 제대로 해야지. 저질은 뭐고 음란은 뭐야. 그렇게 우리 몸이 더럽고 저질이면 얼굴은 어떻게 내놓고 다니나. 생명을 낳는 게 고귀한 일이라면 생명을 잉태하게 하는 섹스 역시 고귀하고 아름다운 행위야. 그래 성은 음란이 아니라 예술이야. 그것도 보통예술이 아니라 온몸예술.

자, 따라해봐. 온몸 예술!"

교실은 또 한 번 뒤집어진다.

"왜 온몸 예술인데요?"

"이것도 설명해야 하나. 사랑하는 사람을 보고 달콤한 목소리 듣잖아. 또 향기로운 냄새 맡고 탱탱한 피부를 느끼고 핥고 말이야."

"샘, 섹스할 때 기분 어때요?"

"죽이지. 왜? 하고 싶나."

교실은 또다시 폭소가 휩쓸고 지나간다.

"하고 싶어 죽겠어요."

"미치겠어요. 충동을 억제하기가 어려워요."

"우리나라도 성 개방했으면 좋겠어요. 어른들은 맘대로 즐기면서 우리들보고 공부만 하라는 것은 불공평해요."

아마 솔직히 얘기해도 괜찮다는 걸 느꼈으리라. 여기저기서 진솔한 Y유전자의 몸부림이 터져 나온다.

"그래, 이해돼. 나도 여러분 때 그랬으니까. 남잔 10대 후반에서 20 중반까지가 성욕이 가장 왕성할 때라고 하지. 하지만 여러분이 지금 섹스하면 집에서나 학교에서 난리날 거야. 성인이 된 다음에 사랑하는 사람이 생기면 하라구. 그전까지는 참고 말이야. 정 괴로우면 딸딸이가 있잖아. 그리고 섹스할 때 비누로 씻는 거 잊지 말구. 두세 번 비누로 깨끗이 씻어야 여자들이 질염이나 자궁암 같은 병에 안 걸려.

물론 아주 개방적인 나라도 있어. 우리나라는 성에 있어서 분명 폐쇄적이고 이중적이지. 그러나 사회가 하루아침에 덜컥 변할 수 있는 게 아니야. 한국도 앞으로 많이 변할 거야. 억압하는 대신 시대의 흐름에 맞는 새로운 윤리를 제시하는 게 중요한 거지. 새로운 가치관이 뭐겠어. 우리의 몸은 수치스러운 게 아니라 좋은 거야. 단적으로 예술이지. 스스로의 육체를 부끄러워하는 게 부끄러운 일이야. 그리고 어떤 경우에도 인간은 소유될 수 없다는 게 중요한 거야. 사랑하는 사람의 기호와 취미를 존중하고 상대방의 행복을 무엇보다 우선한다면 별 문제없을 거야."

"자위행위가 뭐예요?"

"좋아. 아주 좋은 질문이야. 바로 딸딸이야."

풀어진 교실은 웃음으로 한 번 더 아우성이다.

"남자는 사춘기가 지나면 자지를 만지고 주물럭거리면 정액이 나와.

이게 사정이고 오르가슴인데 끝내주게 좋아. 황홀하고 붕붕 뜨지. 이게 바로 자위행위야."

"딸딸이를 많이 치면 어떻게 되죠?"

"정액이 고단백질이야. 그래 딸딸이를 많이 하면 몸이 약해져. 한참 키와 몸이 자랄 땐데 과도하게 하는 건 좋지 않아. 1주일에 한두 번은 괜찮다고 하지. 물론 안 해도 돼. 자위행위를 안 하면 잠잘 때 나오게 되지. 이게 몽정이야. 이런 실험이 있었어. 행동학자들이 원숭이 수놈한테 자위행위를 가르쳐주었어. 어떡하나 보려고 말이야. 그랬더니 이놈이 하도 좋아라 밥도 안 먹고 잠도 안 자고, 맨날 딸딸이만 깠어. 그래가지고 나중에 말라죽었어. 이처럼 뭐든 지나치면 좋지 않아. 그리고 여러분 입술미녀와 유방미인이라고 들어봤나?"

"몰라요. 가르쳐 주세요."

이구동성으로 요구한다. 더운 날에도 한눈 하나 파는 놈 없이 수업 분위기 최고다. 이때처럼 열심히 듣는다면 아마 바보라도 점수가 80은 되리라. 이건 종의 보존이라는 본능이 그만큼 강력하다는 것을 의미하리라.

"좋아, 오늘 특별히 얘기해주지. 아프리카의 어느 부족은 입술이 두껍고 커야 미인이야. 그래 입술을 잡아 늘이면 턱 밑에까지 쭉 내려와. 또 어느 종족은 가슴이 클수록 예뻐. 그 종족의 아줌마는 젖이 무지무지 커. 업고 가다가 애가 젖 달라고 칭얼대면 어깨 위로 훌렁 넘기면 그만이야."

교실은 또 자지러진다.

"동성애가 뭐예요?"

"같은 여자끼리, 같은 남자끼리 연애하고 섹스하는 거야."

"아이고! 더러워라. 어떻게 같은 남자끼리 연앨 해요?"

"뭐 이런 사람도 있고 저런 사람도 있고. 그러지 않겠어."

"징그럽지요. 정상도 아니고 미쳤으니까 그러겠죠."

"어어, 나는 정상이라고 생각하는데 여러분은 아닌가 보네. 좋아, 우리 이 문제에 대해 토론해봅시다. 자 손 한 번 들어봐. 동성애가 나쁘다고 생각하는 사람 손 올려봐. 아이구, 거의 다네. 이번엔 괜찮다는 사람 올려봐. 야, 한 명도 없네. 자 그럼 누가 의견을 말해봐. 왜 정상이 아닌지 발표해봐."

"애를 못 낳잖아요. 무조건 정상이 아니죠."

"누구 더 없나."

"선생님 그건 그냥 미친 거죠. 이유가 없어요. 난 내가 동성애자라면 자살한다."

"좋아, 됐어. 여러분 생각은 충분히 알았어. 난 남자야. 자지가 달려 있고 남성호르몬이 많이 나오고 있으니까 겉도 남자고 속도 남자야. 그래 여자가 좋아. 아주 무지무지 좋아하지. 왜 난 여잘 좋아하게 됐을까. 한땐 바위와 소나무를 좋아해보려고 했는데 영 안 돼. 꼴리지가 않더라구. 이게 바로 뇌 속의 호르몬 때문이야. 대다수의 인간이 이성을 좋아하게끔 규정되어 있는 거야. 그런데 어떤 여자와 남자는 같은 동성을 좋아하게끔 뇌가 되어 먹은 거야. 만약 이게 정상이 아니라면 여잘 좋아하는 나도 비정상이지. 남자 좋아하는 여자도 비정상이고 우린 전부 다 비정상이야. 비정상인 건 또 있어. 손가락이 열 개인 것도 비정상이고 눈이 두 개인 것도 비정상이야."

"그래도 애를 못 낳잖아요."

"아하, 애를 못나서 비정상이고 미친 거구먼. 그럼 말이야, 독신자들도 미친 거네. 수녀도 스님도 다 미친 거고 정상이 아니네. 결혼해서 애 안 가진 부부도 정상이 아니고 애 낳을 생각이 아니면 섹스도 하면 안 되겠네. 동성애자를 욕한다면 수녀님이나 스님한테도 욕하고 비난해야지. 그래야 일관성이 있는 거야.

우린 모두 흙이야. 어디에 고상한 흙이 있고 어디에 저질인 흙이 있겠어. 편협한데다 옹졸하기까지 해, 남 욕하는 게 얼마나 못난 짓이야. 살인이나 폭행은 물론 해서는 안 돼. 하지만 개인의 취향은 다른 문제야. 그 누구도 욕할 근거도 없고 비난할 자격도 없는 거야. 여기 그림이 있어. 여자 그림도 있고 남자 그림도 있어. 섹스는 결국 포개는 거잖아.

자 이렇게 여자와 남자 그림을 포개는 건 윤리에 맞고 남자그림끼리 포개는 건 도덕에 어긋나 미친 짓이라는 거지. 여러분 안 웃기나. 난 웃겨 죽겠는데 말이야."

"그래도 윤리에 어긋나잖아요."

"윤리가 뭐지. 윤리나 도덕이 뭐냔 말이야. 윤리나 도덕이란 우산이고 옷이야. 비 오면 썼다가 그치면 접는 우산이 바로 도덕이야. 도덕이나 가치관은 어떤 상황에서 만들어진 거야. 그래 그 상황이 달라지면 이거 역시 변해야 되는 거야. 우리가 겨울에는 외투를 입고 봄과 가을에는 춘추복을 입고 여름에는 반팔과 반바지를 입잖아. 여기에서 어느 게 윤리에 맞고 또 어느 게 도덕에 어긋나나. 다 어떤 상황에서 맞는 것이고 성립되는 거야."

"임신은 어떻게 되죠?"

"임신은 남녀가 손잡는다고 키스한다고 되지 않아. 임신은 보지와 자지가 서로 결합되어 자지에서 정액이 나와야 가능한 거야. 사정한 후에도 정자가 난자를 만나 수정이 된 다음 착상이 되어야 비로소 임신이라고 하는 거야."

학생들은 이미 보지와 자지라는 단어에 별다른 반응이 없다. 성장기 인간의 적응은 놀랄 만한 것이다.

"한 번 사정할 때, 정자가 대략 3억 마리가 방출된다고 하지. 그 3억 마리 중에 난자 근처에 도달하는 건 겨우 수십 마리라고 해. 그 중에서도 제일 튼튼하고 건강한 정자가 난자 벽을 뚫고 들어가 수정이 되는 거야. 이때가 생명의 시작이지. 이 합체가 되는 최초의 순간에 수정란은 격렬히 떤다는 거야. 이게 바로 인생의 시작을 축복하는 춤이 아니고 뭐겠어. 경쟁률로 치자면 자그마치 3억대 1이야. 세상에 이런 경쟁이 어디 있나. 대학입시든 취업전쟁이든 대통령자리든 억을 넘어가는 경쟁이 어디에 있냔 말이야. 우린 태어난 그 자체로 최대의 승리자이자 행운아인 거지. 자 따라해.

만세! 우리는 행운아다. 탄생은 축복이다."

더불어 학생들에게 술과 담배의 해악을 들려준다. 특히 여학생들은 임산부가 담배를 피우면 연기를 빨아들일 때마다 태아가 호흡을 멈춰 결국 머리가 작은 소뇌아가 나온다는 것에 충격을 받는 것 같다. 남학생들은 술에 취하면 정자까지 비틀거려 띨띨한 자식이 나온다는 얘기에 다소 정신이 드는 모양이다. 포경수술과 피임에 대해서도 질문이 빠지지 않는다. 또 빠지지 않고 따라오는 것은 예술교육의 결과 학생들의 표정이 밝아진다는 것과 학부모의 항의이다.

"임신은 섹스와는 차원이 다른 거야. 임신은 섹스와 달리 너무나 중요한 일이야. 그러기에 정신적으로나 육체적으로 성숙한 다음 정말로 아이를 원할 때 임신을 해야 하는 거야. 여러분이 지금 애 낳으면 키울 수 있나. 없잖아. 허겁지겁 섹스한 다음에 얼떨결에 배불러 애 나았어. 키울 수 없으니까 남의 집 대문에 잘 키워주세요 했지. 그래 한때 우리나라가 아이수출국 1위였던 적도 있었어. 월경주기를 이용하는 피임은 실패하는 경우가 많고 여성이 약을 먹는 것은 몸에 부작용이 있을 수도 있어. 피임엔 콘돔이 제일 간단하고 효율적이야. 결혼 후라도 불임수술을 하게 되면 남자가 수술을 받는 게 좋아. 남자는 간단하고 부작용이 거의 없는데 여잔 그렇지 않다는 거야."

"성병은 어떻게 걸려요?"

"성병은 성병균이 있는 사람하고 섹스하면 걸릴 수 있는 거야. 임질, 매독, 헤르페스가 있고 최근에 퍼지고 있는 무서운 에이즈가 있지. 피임과 성병예방에 가장 좋은 게 콘돔이야. 콘돔을 쓰지 않은 나라일수록 에이즈가 빠르게 확산되고 있어. 심하게 가렵거나 자지 끝에서 진물이 나거나 뭔가 이상하면 병원으로 가야 돼."

"부끄러워서 어떻게 가요?"

"무슨 소리야. 병원은 뭐 하는 곳인가. 창피하다고 약국에서 마이신 사 먹고 하는 건 완치가 안 돼 아주 위험한 거야. 걸린 거 같으면 반드시 보건소나 비뇨기과로 가라구."

"여자들은 성폭행을 당하기 원한다면서요?"

"무슨 소린가. 누가 그러던가."

여자들은 생명이 무엇보다
소중하다는 걸
본능적으로 안다.
우리가 핵 전쟁으로
자멸할지도 모르는
이 위기에
어쩌면 여성이
이 세계를 구할 지도 모른다.
모든 생명을 품어 안는
어머니의 마음만이
우리를 멸망의 불구덩이에서
구할지도 모른다.

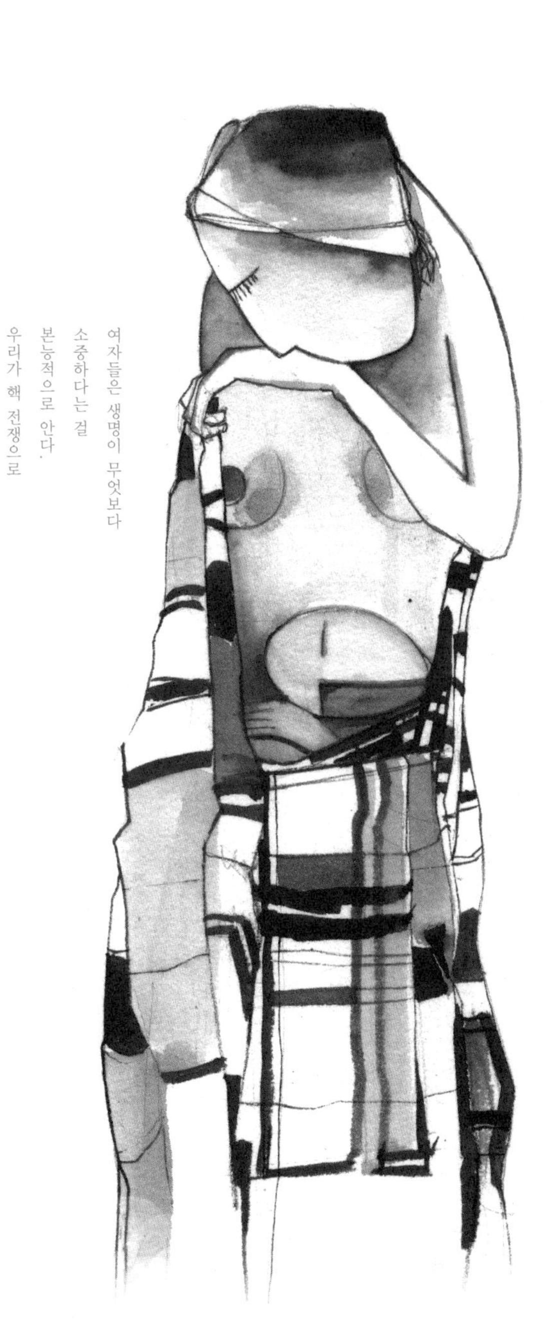

"어느 잡지에 나와 있던데요. 여잔 속으로 좋으면서 뺀다던데요."

"그게 아니야. 성폭행은 끔찍한 범죄야. 길가다 누가 어깨만 부딪쳐도 불쾌한데 자신의 소중한 부분을 강제로 짓뭉개졌다고 쳐봐. 육체의 망가짐이 문제가 아니라 한 사람의 정신을 붕괴시키는 게 심각한 거야. 강간은 한 사람의 인격을 파멸시키는 결과를 가져올 수도 있어. 순결이 전부인 걸로 아는 여잔 더 말할 필요 없겠지. 그래 성폭행을 당한 여자들이 평생을 정신적인 불구로 살아가는 거야. 고민하다 자살하고 결혼해도 그 후유증 때문에 정상적인 삶이 안 되고 말이야. 다시 말하지만 성폭행은 한 인간을 말살시키는 짓이야."

여학생반의 두드러진 특징은 질문이 적어 재미와 웃음이 훨씬 적다는 것이다. 도전하지 않고 미소만 짓는 것은 타고난 천성인 모양이다.

"밤늦게 돌아올 때는 조심하고 골목길에 이상한 남자들이 있으면 돌아가던가 아니면 부모님을 전화로 부르라구. 조심하고 조심했는데도 재수 없게 성폭행을 당했어. 그래 혼자 고민하다 유서 써놓고 자살할 것인가. 얼마나 못난 짓이야. 여러분은 어쩌다 전봇대에 부딪히면 '아이구! 세상에 눈 없는 전봇대를 들이박다니! 난 죽어야 돼. 살 가치가 없어.' 하나. 이것처럼 성폭행은 사고일 뿐이야. 엄마한테 얘기하고 신고하라구. 산부인과에 들러 임신됐으면 중절하고 더욱 씩씩하게 살면 되는 거야."

"남자들은 사고치고 성폭행하고 왜들 그래요?"

"오, 거 좋은 질문이야. 남자들은 대체 왜 그럴까. 남자는 불안해. 쫓기고 또 쫓겨. 마음 저 밑바닥에 자신이 소멸한다는 공포에 끝없이 쫓기고 있는 거야. 이 공포는 잡을 수 있는 것도 아니고 어떻게 붙들어 맬 수 있는 것도 아니야. 태생적으로 어찌할 수 없는 그런 거야. 애를 못 낳으니까 말이야. 그래 별의별 난동을 다 부리고 요상하고 희한한 짓을 해대는 거야. 어떻게 해서든지 자신의 흔적을 남기려고 그리 발버둥을 쳐대는 거지. 빛나는 불멸의 행위가 그렇고 위대한 저술과 예술품이 그렇고 이해 안 가는 희한한 행위들이 다 그렇고 자신의 왕국을 세워 독재자가 되는 것도 그런 거야.

그러나 여자들은 정서적으로나 심리적으로나 안정돼 있어. 애를 낳으니까 말이야. 자신이 소멸해도 자신의 뱃속으로 낳은 새끼가 이 땅 위를 걸어다닐 거라는 사실에 안도하는 거야. 그래 여자들은 생명이 무엇보다 소중하다는 걸 본능적으로 알아. 우리가 핵전쟁으로 자멸할지도 모르는 이 위기에 어쩌면 여성이 세계를 구할지도 모르지. 모든 생명을 품어 안는 어머니의 마음만이 우리를 멸망의 불구덩이에서 구할지도 모르는 일이야."

문명의 황금시대가 도래할 것이며

우주적인 행복과 자기완성을 이룰 수 있을 것입니다.

만약 인간이

계속 폭력에 호소한다면

인간은 직접 또는 간접으로 자신을 멸망시킬 것입니다.

대사관을 부탁해

호전적인 분위기가 사라지고 성숙한 인간으로서
창조자들을 사랑하고 존경할 때 우리들은 돌아옵니다.

인간성을 신뢰하고 서로에 대한 사랑이
강해지는 그 영광의 날에 우리는 공개적으로 방문합니다.
그리고 모든 지구인에게 우리들의 과학지식을 유산으로 줄 것입니다.
그 날을 위해 우리들은 기다리고 기다립니다.

–'우주인의 메시지' 중에서

신이 되고 싶다면 기차를 타라

봄이 되면 여기저기 파릇파릇 새싹이 돋아난다. 얼어붙은 땅 위에 봄기운이 스미면 잔디가 고개를 내밀고 고사리가 올라오고 쑥과 안개꽃이 움튼다. 날 잊지 말라는 물망초 역시 봄을 잊지 않고 찾아오며 목련 역시 청아한 자태를 일찍 선보인다. 늦은 봄 어렵사리 피어난 할미꽃은 내내 고개 숙이다 힘들게 져간다.

이때쯤엔 냇가에도 개구리 왕눈이가 여자친구 아름이와 여행을 시작하고 입 큰 메기도 그 큰 입을 벌려댄다. 바다 속의 돌고래는 헤엄치고 오징어는 흐느적거리고 해파리는 너풀대기 시작한다. 송어는 알 까러 급류를 거슬러 올라가다 새들에게 먹히고 다시 돌아온 제비가 처마 밑에 집짓기 시작하면 뻐꾸기는 남의 둥지 훔치느라 정신없고 물총새는 물총 쏘느라 시간 가는 줄 모른다. 과천대공원의 공작은 화려한 깃털을 한껏 자랑하고 숲 속의 딱따구리는 딱딱 구멍 뚫고 동굴 속의 박쥐는 보지 않고도 잘도 날아다닌다. 타잔은 치타와 함께 밀림을 누비고 옹기종기 모여 앉은 아이들은 쫑알대고 뎅기는 학교에 나간다. 불어오는 남풍에 처녀 가슴이 봄빛으로 물들어가면 예술가는 빛과 소리로 세상을 노래하기 시작한다.

그런데 말이다. 이처럼 다양하고 기기묘묘한 생물들은 모두 어디에서 왔을까. 신이 창조했을까 아니면 진화했을까. 이도 저도 아니라면 어느 누가 만들었을까.

신은 많기도 많고 종류도 가지가지이다. 신는 나막신도 있고 새롭다는 참신도 있고 보낸다는 발신도 있고 사랑하는 당신도 있다. 대학가는 내신, 애 가진 임신, 영화 찍는 베드신, 쪽 팔리는 개망신이 있고 마지막으로 전능하다는 신도 있다. 그 전지전능하다는 신에는 이슬람교의 알라, 유대교의 야훼, 기독교의 하나님, 힌두교의 시바, 그리스신화의 제우스, 단군신화의 환인 등등 종파마다 나라마다 많은 신들이 있다. 어떤 사람들은 이 완벽하고 영원한 신이 우주와 지상의 모든 생물을 창조했다고 믿는다.

이 완전하고 스스로 존재한다는 신은 어디에 있는 것일까? 우리는 그 존재를 감지할 수 있는 것인가. 아니면 하나의 말장난에 불과한 것인

가. 그것도 아니라면 어떤 외계의 생명체를 의미하는 것인가.

신!

신이라고 말할 때, 대뇌의 명령에 의해 성대는 떨리고 공기가 진동하여 주변으로 퍼져나간다. 이윽고 우리의 귀에 도달하여 고막을 울린다. 이것이 전기적 신호로 바뀌어 신이라는 말을 알아듣게 된다. 여기에 신비하거나 특별한 것은 어디에도 없다. 이 전능하다는 신은 사람의 마음속에 있는 것인가. 아니면 구름 위 저 높은 곳에 존재하는 것인가. 혹은하계 밖에서 우리를 내려다보고 있는 것은 아닐까. 그것도 아니라면 4차원 이상의 시공을 초월한 곳에 계시는 것일까.

만약에 신이 사람의 마음에 존재한다면 인간이 창조되기 전에는 마음이 없으므로 신 역시 존재할 수 없다. 없는 존재가 인간을 창조한다는 것은 모순이므로 말이 안 된다. 오늘날 구름 위에 올라가 봤지만 신도 뿔 달린 괴물도 없었다. 은하계 바깥도 또 다른 은하가 이어질 뿐이어서 설득력이 없다.

그럼 4차원 이상의 세계를 살펴보자. 보통 1차원은 선, 2차원은 면, 3차원은 입체라 부른다. 그러면서 4차원 이상은 알기 어려운 고차원의 세계라 한다. 이래저래 차원 하면 신비스럽고 초월적으로 보여 겁먹기 십상이다. 사실 이 차원은 인간의 편의를 위한 하나의 기호일 뿐인데도 뭔가 대단해 보이는 것이다. 수학적 체계에서 선은 면적이 없고 면적은 부피가 없고 입체는 부피를 갖는다고 한다. 4차원 이상도 비슷하게 정의할 수 있으며 앞뒤의 모순만 없으면 논리체계에서는 얼마든지 확장해도 좋다.

그런데 이건 그냥 이름 붙이기에 지나지 않는다. 우리가 먹는 것을 밥, 사는 곳을 집, 걷는 것을 산책이라 하는 것과 같다. 밥이나 집이나 산책이 신비롭지 않으면 선도, 면도, 입체도, 4차원도 마찬가지이다. 8차원도 11차원도 다 똑같다. 현실 세계에서는 시각과 촉각이 있는 한 모든 것이 3차원이다. 즉 면적이 없는 선이나 부피 없는 면은 있을 수 없다. 비교적 폭이 작은 것을 선, 두께가 얇은 것을 면이라 부르는 것이다.

그런데 이 3차원은 시각과 촉각의 결합에서 나온다. 우리의 시각이 평평한 2차원을 형성한다. 시각이 현상을 평면으로 인식하는 건 물체의 움직임을 지각하는 방식에 따르는 것 같다. 즉 어떤 시신경은 위로 움직이는 것만 지각하고 어떤 시신경은 아래로 움직이는 것만 지각하는데 여기에서 평면에 대한 인식이 나오는 것 같다. 그리고 시각의 어떤 차이와 촉각의 다른 느낌이 대응하는데, 이를 알기 쉽게 3차원이라 표현하는 것이다. 이처럼 세상을 3차원이라고 하는 건 우리의 경험을 나타내는 편리한 도구일 뿐이다.

상대성이론이 등장한 뒤 우주가 4차원 시-공을 이루고 있다는 것도 마찬가지이다. 뉴턴역학에서는 시간은 물체의 운동에 관계없이 언제나

굴렁쇠를 1차원자동차, 오토바이를 2차원 자동차,
삼륜차를 3차원자동차, 자가용을 4차원자동차,
바퀴 많은 기차를 무한자동차라 하자.
만약 고차원에 신이 존재한다면 바퀴 많은
기차에 타고 있다는 말과 같아 지극히 의미 없다.
신이 되고 싶은가 그럼 기차를 타라.

일정하게 흐른다고 보았다. 그래 언제 어디서나 일정하게 흐르는 것을 절대시간이라 불렀고 시간을 공간과 분리할 수 있었다. 이것을 공간 3차원과 시간 1차원이라고 나타냈던 것이다. 반면에 시-공 우주에서는 시간이 물체의 운동에 따라 변한다는 관계인 것이다. 시간도 위치처럼 변할 수 있다면 함께 묶어서 표현할 수 있는 것이다. 이것을 4차원 시-공이라 부르는 것이며 변하든 변하지 않든 신비한 것은 어디에도 없다.

결론적으로 1차원, 2차원, 3차원, 4차원이라 하는 것은 굴렁쇠를 1차원자동차, 오토바이를 2차원자동차, 삼륜차를 3차원자동차, 자가용을 4차원자동차, 바퀴 많은 기차를 무한자동차라 하는 것과 같다. 따라서 고차원에 신이 존재한다는 것은 바퀴 많은 기차에 타고 있다는 말과 같아 지극히 의미 없다.

신이 되고 싶은가.

그럼 기차를 타라.

아참! 하나 빠졌네. 신은 영이니까 보이지 않는다고. 영이라, 보이지 않는 영이라. 숫자 1아래에 있는 영인가. 아니면 우리를 둘러싸고 있는 공기를 말하는 것인가. 신이 공기라면 산소인가, 질소인가, 수증기인가. 그것 말고 다른 것이라고. 그럼 진공을 얘기하는 것인가. 지구는 태양 주위를 1초에 30km의 속도로 돌고 있고 태양은 은하 중심을 매초 수백 킬로미터의 속력으로 질주하고 있다. 우리 주위의 진공은 이처럼 끝없이 변하고 있는데, 대체 어떤 진공이 신이라는 말인가.

차원이 나왔으니 공간과 시간도 뭐가 들어 있나 한번 까보자. 시간과 공간은 변화와 기억이다. 둘 다 기억에 바탕을 둔 건물인 것이다. 기억이 없으면 공간도 없고 시간도 없다. 기억이 없다면 낱낱의 반응만이 있을 뿐이다. 공간이 변화의 요소라면 시간은 변화의 간격이다. 공간이 좀더 즉각적이라면 시간은 다소 추상적이다.

우리는 눈과 귀와 피부를 통해 보고 듣고 느낀다. 주변의 현상은 달라지는데 이 현상의 변화가 우리의 오감을 통해 지각된다. 이 지각되는 것 중에서 차이가 있는데 이것이 요소이다. 이 요소가 기억돼 물체가 된다. 이 물체와 물체의 변화가 결합해 공간을 형성한다. 그리고 이 변화의 간격이 시간이다. 영화필름의 한 장면과 다음 장면의 간격처럼 시간은 매듭을 말한다. 기억을 운동장이라고 볼 때, 공간이 마당을 이루는 모래알이라면 시간은 마당을 휩쓸고 다니는 바람이다. 그래 시간이 공간에 비해 좀더 어렵다.

공간과 시간은 인간이 기억한다는 말의 다른 표현에 불과하다. 기억이 있어야 공간도 시간도 살아난다. 뇌 속의 기억덩어리의 좀더 단순한 대응을 공간이라고, 좀더 복잡한 대응을 시간이라고 부르는 것이다. 그래 시간은 왔다갔다 여행할 수 있는 것도 아니고 흐르는 것도 아니다. 모든 시계가 멈춘다고 시간이 멈춘 것도 아니고 영사기를 거꾸로 돌린다고 과거로 가는 것이 아닌 것처럼 말이다.

광속을 넘든 안 넘든 시간여행은 본질적으로 불가능하다. 빠르든 늦든 움직이든 움직이지 않든 변화는 있기에 말이다. 시간이란 사물의 배열이며 관측이며 해석이기에 말이다. 사물의 배열은 언제 어디서나 있기에 시간은 멈출 수도 없고 과거일 수도 없고 미래일 수도 없다. 그래 항상 시간은 현재이자 그 순간인 것이다. 우리가 내일이니 모레니 20년 후니 또는 2만 5천 년 전이니 하는 것은 사람들 뇌 속의 기억덩어리가 서로 간에 정확히 대응함으로써 뜻이 통하는 게 전부인 것이다. 타임머신이고 7차원 시-공이고 시간과 공간이 벌레구멍처럼 뒤틀려 있다는 웜홀이고 뭐고 다 꽝인 것이다. 변화만 있는 것이다. 오로지 현상의 변화만이 실재인 것이다.

영혼은 이중나선인가

그렇다. 시간은 3중 고개이다.

고개가 하나도 아니고 둘도 아니고 바로 셋이다. 그래 어렵고 헷갈리는 이유가 여기에 있다. 사물의 배열이 첫째고, 관측이 둘이고, 해석이 그 셋이다. 시간의 근본은 사물과 현상의 배열이다. 이 배열이 변화가 되어 시간의 바탕이 된다. 다음으로 사물의 변화를 아는 관측이다. 관측의 경우 주로 빛에 의해 이루어지나 촉각과 같은 다른 방법들을 더불어 사용한다. 보통의 경우 빛에 의한 사물과 현상의 관측은 정연하다. 사물의 움직임이 빛의 속도에 비해 현저히 느리므로 배열을 전달해주는 빛이 순서적이기에 말이다. 그래 관측은 곧 시간이 된다.

그런데 사물의 움직임이 빛의 속도에 가까워지거나 물체 내부에서 격렬한 변화가 일어나게 되면 이 배열을 전달해주는 빛은 더 이상 정연하지도 않고 순서적이지도 않다. 겹치고 뒤틀리고 뒤섞이기에 말이다. 빛은 차례차례로 도착하지도 않고 간격도 일정하지도 않다. 그러기에 이제 관측은 곧 시간이 되지 않는다. 이 과정을 다룬 게 1905년에 발표된 〈움직이는 물체의 전기역학에 대하여〉라는 논문이다. 시간이 배열과 관측으로만 끝난다면 아인슈타인의 결론은 맞다. 그런데 시간에 또 하나의 고개가 남아 있다는 사실이다. 시간은 배열과 관측으로 마감되지 않는다. 이 둘은 보조지표는 될지언정 시간의 본질도 아니고 핵심도 아니다. 시간의 본질은 바로 해석이자 의미이기에 말이다.

그렇다. 시간은 배열과 관측을 넘어서 있다. 숫자도 시간이 아니고 시계도 시간이 아니고 달력도 시간이 아닌 것처럼 말이다. 1, 2, 3도 시간이 아니고 초침, 시침도 시간이 아니고 초침이 오른쪽으로 도는 것도 시간이 아니고 왼쪽으로 도는 것도 시간이 아니다. 결코 아니다. 이것들은 단지 변화일 뿐이다. 이 변화가 시간이라는 의미를 갖는 건 우리의 두뇌 속 바로 우리들의 의미 안에서이다. 이게 바로 종합이자 의미를 부여하는 방식이자 세계를 해석하는 방식인 것이다. 그래 시간은 배열의 절대세계를 넘고 관측의 상대세계를 넘어 해석의 종합세계에 이르게 된다.

하나의 예를 들어보자. 보통의 경우 조그마한 쇳덩이는 수백 년 지나야 녹슬어 흩어진다. 이 경우 쇳덩이의 변화를 전달해주는 빛은 정연하다. 이 쇳덩이를 철솜으로 만들어 태우면 그냥 삽시간에 흩어져버린다. 그런데 이 변화를 전해주는 빛이 순서적이지 않은 경우, 우린 시간이 수백 년 지났다 하지 않는다. 그냥 철이 타서 흩어졌다고 할 뿐이다. 이게 바로 해석이자 종합인 것이다. 그래 태양계와 은하계 안에서 우주선이 빛의 속도로 움직일 때, 우린 우주선의 시간에 대한 적절하고도 종합적인 해석을 해내야 할 것이다.

이왕 내친 김에 좀더 파헤쳐 보자. 눈 맞춘 김에 손잡고 키스까지는 진도 빼자. 전통적인 신학에 있어서 몇몇 논리적인 추론이 있다. 이름들은 거창하고 말은 번드르르한데 알고 보면 다 허당이다. 다들 허망한 탁상공론에 지나지 않는다.

먼저 '신이란 더 이상 있을 수 없는 가장 완전하고 전지전능한 존재'라는 존재론적인 논증을 살펴보자. 가장 완전하고 전지전능하다는 것이 무슨 뜻인가. 누가 보고 누가 판단한 완전인가. 그 전능한 존재라는 신이 본 완전인가 아니면 불완전하고 제한적인 인간이 본 완전인가.

신이 인간의 사고와 인지의 단계를 뛰어넘는 존재라면 우리 인간은 어떠한 노력을 하더라도 결코 신의 참 모습을 알 수 없다. 왜냐하면 말 그대로 신이란 인간의 인식을 초월한 존재이니까 말이다. 신의 의지와 참모습을 알려고 하거나 조금이라도 안다는 것은 우리가 신과 대등한 어떤 속성을 갖기 전까지는 불가능하다. 여기서 우린 순수한 한계에 봉착하게 되며 어떤 시도도 할 수가 없게 된다. 우리가 하는 모든 것은 언어로 표현되거나 두뇌의 활동에 불과한데 이 언어나 두뇌를 초월한 신에 대해서는 어떤 논의도 이루어질 수 없기에 말이다.

모든 것이 신의 뜻이라는 말도 마찬가지이다. 밥을 먹건 과일을 먹건 나무가 자라건 태양이 폭발하건 지구가 공전하건 새가 노래하건 이게 모두 신의 의도라는 것이다. 그럼 신을 믿건 안 믿건 선행을 하건 전쟁을 하건 이것도 모두 신의 의지이다. 여기에 인간이 책임질 일은 어디에도 없다. 범죄도 살인도 전쟁도 모두 신의 뜻이기에 말이다.

모든 것이 신의 의지라고 하는 것이나 모든 곳에 신이 존재한다는 것은 말장난에 불과하다. 그건 볼 수도 없고 만질 수도 없고 냄새 맡을 수도 없는 어떤 향수와 같은 것이다. 우리에게 이런 향수가 아무 쓸모가 없는 것처럼 그런 논의 역시 어떤 도움도 되지 않는다. 즉 그것은 없는 것이다.

또 이것은 우주에 있는 모든 물질이 두 배로 커진다는 말과 같다. 크기를 재는 자도 두 배로, 우리의 몸도 두 배로, 다른 것들도 모두 두 배로 커졌기에 이를 확인할 방법이 없다. 모든 물질이 열 배로 백 배로 커진다는 것도 마찬가지로 아무런 의미가 없다. 결론적으로 신에 대한 존재론적인 논의는 이처럼 의미 없는 헛소리에 불과하며 공허한 뺑일 뿐이다.

영혼의 존재 역시 입증할 수 없다. 어떤 사람들은 인간에게 불멸인 영혼이 있으며 죽은 다음에도 이 영혼이 계속 존재한다고 믿는다. 영혼이 사후에도 존속한다면 태어나기 전에도 어딘가에 있어야 한다. 다시 말해 물질인 난자와 정자는 어머니와 아버지에게서 오니까, 그럼 비물질인 영혼도 어딘가에서 와야 한다. 영혼이 어디에서 온다는 것인지 대답해보라.

쌍둥이의 예는 독자적인 영혼이라는 개념을 일거에 날려버린다. 일란성 쌍둥이는 하나의 수정란이 어떤 상황에서 쪼개져 태어난 것이다. 이처럼 특정한 조건에서 쌍둥이가 되었으니 그 조건을 반복하여 동일한 인간을 무수히 만들어낼 수 있다. 이건 영혼의 존재를 여지없이 부숴버리는 것이다.

우리가 알 수 없는 어떤 방식으로 존재한다는 영혼은 만질 수도 없고 볼 수도 없는 임금님의 옷과 같다. 그런 옷은 없는 것이다. 임금님은 벌거벗은 것처럼 영혼 역시 존재하지 않는 것이다. 백 번을 양보하여 그런 영혼이 존재한다고 치자. 그렇다 하더라도 영혼이 오로지 육체를 통하여 표현되고 알 수 있다면 그건 바로 물질과 영혼이 같다는 말이다.

사실 영혼이란 유전자인 DNA를 뜻한다. 고대인들에게 세포니 유전자니 원자니 말한들 무슨 소용이 있으랴. 그냥 성령이라고 영혼이라고

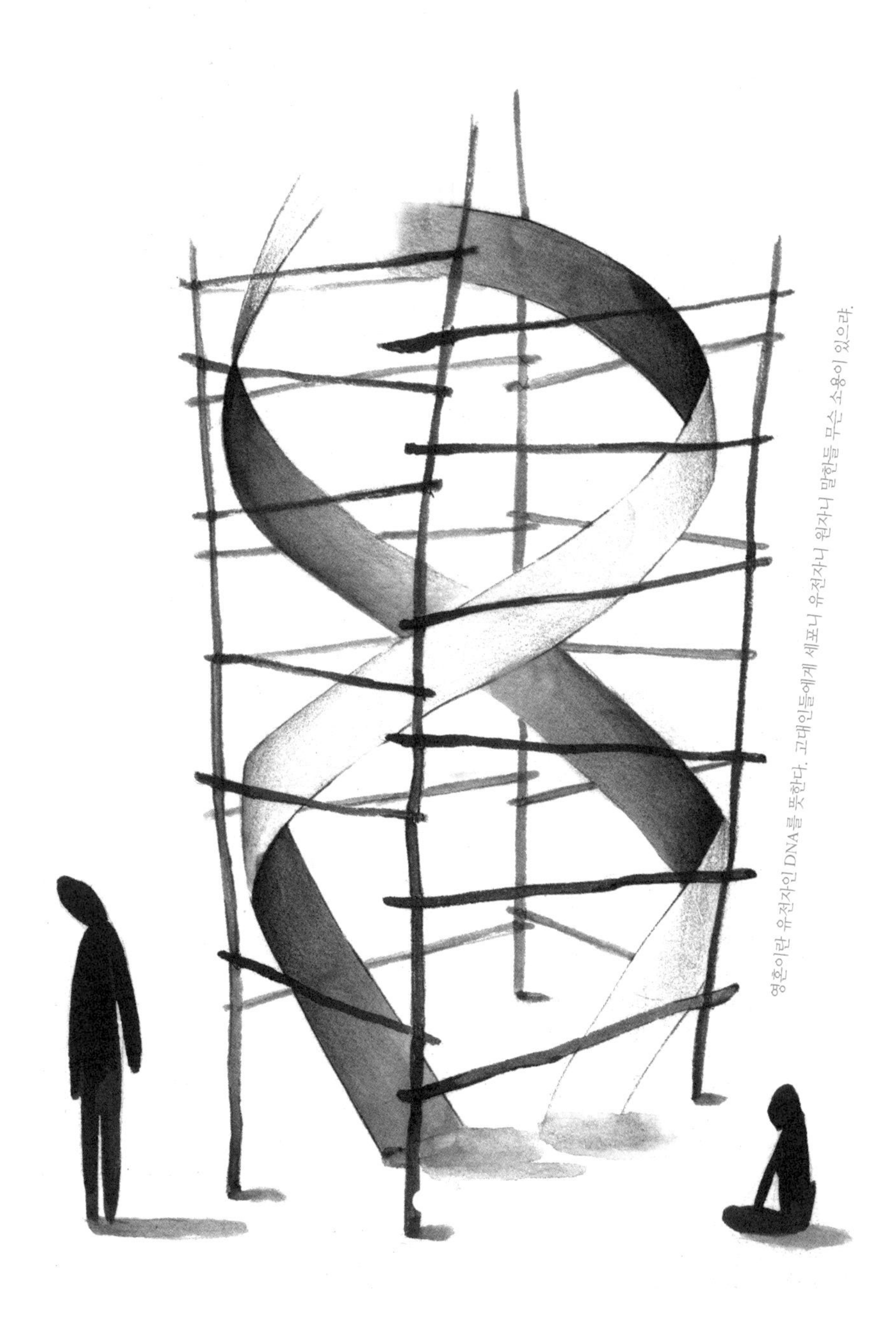

영혼이란 유전자인 DNA를 뜻한다. 고대인들에게 세포니 유전자니 원자니 말한들 무슨 소용이 있으랴.

하는 수밖에 달리 무슨 수가 더 있겠는가. 더 정확하게는 영혼은 두뇌의 신비한 작용을 부르는 말에 지나지 않는다. DNA의 정수가 뇌이기에 영혼이란 결국 두뇌의 별명으로 귀착되는 것이다.

다음으로 우주론적인 논증을 보자. 이 세상 모든 것은 우연적이다. 이 우연적인 것들을 있게 할 필연적이고 궁극적인 어떤 실재가 있어야 한다. 그래 그 존재가 신이다. 이 신이 우주의 제일원인이며 모든 것을 창조했다고 한다.

우연과 필연은 무슨 뜻인가. 우연과 필연은 무엇이고 또 얼마나 다른가. 이건 그냥 이름이다. 꽃과 과일이 다른 것처럼 우린 어떤 상황을 우연이라고, 어떤 상황을 필연이라고 하는 것에 불과하다. 우연과 필연이 마침표와 물음표만큼 다를지는 모르겠다. 하지만 신비한 것은 없다.

우주를 신이 창조했다면 신은 누가 창조했는가. 스스로 있는 존재라고. 신이 스스로 있을 수 있다면 우주 역시 스스로 존재할 수 있는 것이다. 자연이란 말 그대로 스스로 있는 것 아닌가. 자연이 스스로 존재할 수 없다는 것은 편견에 지나지 않는다. 자연이란 영원히 존재해왔으며 또 영원히 존재해갈 것이라고 보는 것이 이치에 맞다. 우주는 목적도 없이 실체도 없이 단지 존재하는 영원한 연속이라고 보는 게 합리적이다. 시작은 끝이 되고 끝은 또 다른 시작이 되어 시작도 끝도 없이 한없이 존재하는 게 대자연의 본성이기에 말이다.

이제 도덕론적인 논증을 보자. 인간이 신성한 양심을 갖는 것이나 어떤 가치를 지향한다는 것은 신의 존재를 보여준다는 논리이다. 양심이나 선함, 거룩한 희생, 예술을 사랑하는 마음 등은 신의 의지라는 것이다.

대단히 아쉽고 섭섭하지만 선이나 아름다움은 인위적인 것이다. 우리가 의미를 부여하고 요청한 것이다. 우리에게 도움이 되는 것을 선, 해로운 것을 악이라 부르는 것에 불과하다. 또 느낌이 좋은 건 미美, 불쾌한 건 추醜라 한 것에 지나지 않는다. 자연이란 선도 악도 아니요, 참도 거짓도 아니다. 현상은 도덕적이지도 않고 비도덕적이지도 않다. 현상은 평등하고 자연에는 차별이 없다.

특별한 체험이나 기적에 의해 신의 존재를 알 수 있다는 논증도 있다. 자, 우리가 전능한 신을 보았다고 하자. 그 신의 모습이 어떤가. 네모인가 바위인가 빛줄기인가 아니면 인간처럼 얼굴이 있는가. 보았다는 그 모습이 꿈인가 환상인가 실제인가.

기적을 보자.

기적이라, 기적이란 특별한 사건을 말한다. 오늘날의 과학적 관점에서 볼 때, 완전히 동일한 것은 없다. 모든 것은 매순간마다 특별하다. 물질을 이루는 원자나 분자는 끝없이 요동치고 움직이고 있기에 말이다. 흐르는 강도 어제의 강물이 아니고 종이를 한 장 넘기는 순간 책도 조금 전의 그 책이 아니다. 사람 역시 숨을 한 번 쉴 때마다, 한 걸음 옮길 때마다 변하고 있어 같은 사람이 아니다. 이처럼 하늘 위나 아래나 똑같은 건 어디에도 없다. 그래 모든 것은 신성하다면 신성한 것이고 기적이라면 기적인 것이다.

사실 이 기적이라는 것도 알고 보면 우스운 것이다. 기적이란 음료수 병이기에 말이다. 부시맨이 비행기에서 떨어진 주스 병을 신의 선물로 생각하고 숭배하는 것과 같기에 말이다. 이처럼 기적은 문명의 차이에서 오는 낯설음에 불과하다.

전능한 신의 해부가 끝나가고 있다. 이제 신의 시체만 제대로 정리하면 종친다. 이 마지막 것은 계획론적인 논증이라고 하는 것인데 타당성이 있다. 이건 시계의 비유이다.

우리가 사막을 여행하다 한 개의 시계를 발견했다 치자. 그럼 이 시계를 만든 설계자를 추론할 수 있다는 것이다. 우리가 만드는 것을 직접 본 적도 없고 시계의 모든 부분을 속속들이 모른다 해도 시계를 만든 설계자를 유추할 수 있다는 것이다. 왜냐하면 시계가 우연에 의해 조립되는 것이 불가능하기에 말이다. 어김없이 찾아오는 계절과 별들이 질서 있게 운행하는 것 그리고 생물체의 복잡한 기관들이 서로 맞물려 놀라운 기능을 수행하는 건 창조자의 섭리가 있어야 한다는 것이다. 그러면서 자연의 질서와 생물체를 만든 존재가 신이라고 하는 것이다.

시계가 우연히 조립될 수 없다는 것은 맞다. 누군가 만들어야 한다.

핵심은 그게 누구냐이다. 하지만 자연에 질서가 있다는 말은 인위적이다. 자연은 질서도 아니고 그렇다고 무질서도 아니다. 자연이란 그냥 존재하는 것, 있는 것 그게 전부다. 자연은 창조도 없이 소멸도 없이 끝없이 존재하는 거라고 보아야 마땅하다. 따라서 자연을 만든 창조자라는 것은 필요하지 않다. 중요한 건 생물체를 만든 설계자가 무엇이냐이다.

여기에 전능한 신과 우연과 외계인이 후보가 될 수 있다. 이 셋 중에 하나이다. 이 외에 가능한 것은 없다. 답은 간단한 것이다. 세 개 중에 정답이 있기에 말이다. 정신만 똑바로 차리면 우린 우리가 누구인가를 알게 되는 것이다. 이 얼마나 감격적인 순간인가. 우린 깨닫게 되었기에 말이다.

먼저 전능한 신을 보자. 이건 꽝이다. 이게 얼마나 허무맹랑하고 근거 없는 헛소리인지 이제껏 알아보았던 것 아닌가. 신은 죽은 것이다. 아니 죽은 게 아니라 태초부터 신은 존재하지 않았던 것이다. 신은 처음부터 없었기에 죽을래야 죽을 수도 없는 운명이었다. 전부 우리들 머릿속에서 일어난 말장난에 지나지 않았던 것이다.

하나가 나가떨어졌으니 문제는 더 간단해졌다. 이젠 둘 중에 하나이다. 이 얼마나 쉬운 문제인가. 이건 애들도 맞출 수 있다. 진화 아니면 외계인이다. 특히 구약성경 1장 26절에 〈우리의 형상을 따라 우리의 모양대로 우리가 사람을 만들고……〉라는 구절이 있다. 여기에 나오는 자신들의 형상대로 인간을 만들었다는 이 우리라는 존재들은 과연 누구인가. 성경뿐만 아니라 다른 모든 종교와 신화에 등장하는 이들은 인간성을 초월한 전능한 존재가 아니라 우리와 닮은 어떤 존재라는 것을 분명히 시사하고 있다.

진화와 이들에 대해 검토해보자. 먼저 진화아가씨를 무대에 올려놓고 한꺼풀 한꺼풀 벗겨보자. 폭풍과 번개가 끊이지 않아 가스와 용암이 소용돌이치는 죽음의 골짜기인지 아니면 꽃과 나무와 온갖 생물들을 창조해내는 생명의 여신인지 발가벗겨보자. 과연 진화라는 여인의 발에서는 잔디와 풀이 자라고 가슴과 엉덩이에서는 물고기와 다람쥐가 노닐고 입에서는 꾀꼬리가 노래하고 머리 위에서는 장산곶매가 나는 창조의 여신 닌후르사그인지 알아보자.

진화는 정녕 망상인가

자연은 목적이 없고 방향이 없다. 법칙도 아니고 그렇다고 법칙이 아닌 것도 아니다. 자연은 그냥 있는 그 무엇이다. 자연은 바람이며 파도며 천둥이며 화산이다. 해가 비치고 바닷물이 넘실거리고 비가 오고 땅이 갈라지고 번개 치는 게 자연이다. 그래 두꺼운 구름에 덮인 작열하는 지옥이자 얼어붙은 얼음의 세계이다. 황량한 사막이자 가스와 용암이 소용돌이치는 죽음의 세계이다.

진화는 우연이다.

우연은 혼돈이자 원자들의 충돌이자 뒤엉킴이다. 아주 작은 알갱이인 원자는 만물을 구성하는 미시의 세계이다. 모든 원자는 너무너무 작아 결코 보거나 만질 수 없다. 100억 개를 한 줄로 세워도 1m밖에 되지 않을 정도로 정말 작다. 이런 원자들이 얽히고 섞여 모래가 되고 바다가 되고 가스가 된다. 폭풍이 되고 마그마가 되고 사막이 되고 얼음이 된다.

생명은 목적이자 조직이자 설계이다. 아름다움이자 부드러움이자 세포이다. 생명은 세포로 이루어진 섬세한 구조물이자 살아있음이다. 이 세포가 하나에서 수억 수십 조개가 모여 살아있는 모든 생물이 된다. 박테리아, 꽃, 물고기, 작은 벌레, 새, 인간에 이르기까지 전부 세포라는 벽돌로 조립된 세포건물이다. 눈에 보이지 않을 정도로 작은 이 곳에 핵을 비롯한 무수한 소기관들이 서울시 전체보다 정교하게 맞물려 돌아가는 곳이 바로 세포이다. 세포는 우리가 상상할 수 없을 만큼 복잡하고 정밀하게 짜여진 소우주이다.

옛사람들은 세포가 이처럼 복잡한 세계인지 몰랐다. 몰랐던 것이 아니라 거의 짐작도 못했다. 그래 생물이 저절로 생기는 줄로 알았다. 진흙 속에서 미꾸라지와 지렁이가 생기고 늪에서 개구리가 만들어지고 오래된 항아리 속에서 쥐가 태어나고 아침이슬에서 개똥벌레가 생긴다고 믿었다. 썩은 고기에서 벌레가 저절로 만들어지고 심지어 나무에서 새나 양이 생긴다고 믿을 정도였다. 게다가 잠옷을 밀이 들어 있는 단지 속에 넣어두면 싱싱한 생쥐가 정확히 21일 후에 만들어진다는 생쥐 제조법까지 소개한 과학자가 있었으니 더 말해 무엇하랴.

이 자연발생설이 고대와 중세는 물론 불과 150년 전까지만 해도 많은 사람들이 따르고 논쟁이 끊이지 않았으니 인간의 상상력이 우수한가 아니면 직관이 허약한가 알다가다 모를 일이다. 고대의 뛰어난 철학자라는 사람이 이걸 처음 주장했으니 인간의 편견이란 어제오늘의 일만은 아닌 모양이다.

사람들은 모른다. 모를 뿐만 아니라 느끼지도 못한다. 우리가 생명 속에서 자라고 언제 어디서나 생명과 함께 하기에 생명이 우연히 생기는 줄로 안다. 까마득한 산꼭대기에서도 물기 하나 없는 메마른 사막에서도 빛 하나 들지 않는 깊은 바다 속에서도 생명이 태어나고 자라기에 우린 생명이 저절로 생기는 줄로 안다. 마지막 나무 한 그루, 마지막 물고기 한 마리, 마지막 새 한 마리, 마지막 사람 하나가 사라져야 생명의 고귀함을 절감할 것이다.

우리가 황량한 사막인 화성에 가볼 때, 작열하는 뜨거운 지옥인 금성에 살아볼 때, 가스가 소용돌이치는 목성에 갔을 때, 얼어붙은 죽음의 세계인 명왕성에 도착했을 때에야 우린 생명의 고마움을 깊이 느낄 것이다. 그렇지 않고서야 이처럼 황당한 이야기가 어떻게 천 년을 넘게 이어올 수 있었겠는가. 우린 그때서야 살아있는 것의 무한한 가치와 서로가 서로의 일부라는 것을 깊이 느낄 것이다. 살아있는 것이 얼마나 연약하고 부서지기 쉬운 존재인지 절실히 느낄 것이다. 그리고 이 지구의 고마움도 뼈저리게 느낄 것이다. 이 작고 푸른 행성이 생명을 기적적으로 보호하고 있음을 깊이 실감할 것이다.

사실 이게 진화론의 핵심이자 원형이다. 이 자연발생이라는 설에다 이것저것 갖다 장식한 것이 진화론이다. 지구의 나이를 수천만 년에서 수십억 년으로, 진흙을 원시 수프로, 아침이슬을 번개와 원시 대기로 말만 바꿔놓은 것이다. 변이다 자연선택이다 대진화다 종합설이다 하는 이상하고 희한한 단어를 갖다가 잔뜩 꾸며놓은 것에 지나지 않는다.

자연발생과 진화론의 본질은 동일하다.

둘은 판박이이며 빼다 박은 것이다.

아니 정확히 같다.

복사판이자 쌍둥이다.

자연발생설이 틀렸으면 진화론 역시 틀린 것이다. 자연발생이 맞으면 진화 역시 맞은 것이다. 생명은 생명에서 온다는 생물속생설은 자연발생과 정반대이다. 그래 자연발생이 옳으면 생물속생설은 틀린 것이다. 자연발생이 틀리면 생물속생설이 옳은 것이다. 둘은 양립할 수 없다. 둘 다 옳을 수도 없고 둘 다 틀릴 수도 없다. 이것이 진실이다.

자연발생은 오래 전에 박살이 났다. 이미 끝장이 났고 사망선고가 내려졌다. 그런데 이상한 일이다. 똑같은 게 하나는 옛날에 죽어서 시체 썩는 냄새가 코를 찌르는데도 다른 하나는 살아남아 위력을 떨치고 있으니 말이다. 앞 못 보는 사람처럼 썩어 말라비틀어진 나뭇가지에 타고 앉아 그게 생명의 여신이라고 짝사랑을 하고 있는 것이다. 그래 역사는 되풀이된다는 건 역시 만고의 진리가 된다.

진화론과 쌍둥이인 자연발생은 오래전 중세의 의사 레디에 의해 본질이 밝혀졌다. 이탈리아의 박물학자인 레디는 1668년 '곤충발생에 관한 실험' 에서 간단한 실증으로 자연발생이 허구임을 보여주었다. 그는 고기가 들어 있는 그릇에 얇은 헝겊을 덮어 파리가 들어가지 못하게 하면 구더기가 생기지 않음을 입증하였다. 구더기가 저절로 생긴 것이 아니라 파리가 낳은 알에서 나온 것임을 증명했던 것이다. 그러나 이 단순하고 뛰어난 실험에도 불구하고 자연발생설은 끈질기게 살아남았으며 대중은 생명이 저절로 생긴다는 것을 신앙처럼 믿고자 했다.

1862년 생물학자인 파스퇴르는 보다 진보된 실험으로 발생설의 논쟁에 종지부를 찍었다. 파스퇴르는 주도면밀한 실험으로 생명은 생명에서만 온다는 것을 확고히 입증하였다. 그는 새의 목처럼 생긴 플라스크를 만들어 썩은 풀잎을 넣고 팔팔 끓였다. 이 멸균된 플라스크 안에는 신선한 공기가 들어갈 수는 있으나 구부러진 부분에 의해 알과 미생물은 걸러지게 돼 있다.

그러자 플라스크 안에는 살아있는 어떤 것도 생겨나지 않았다. 이 실험으로 저절로 생기는 것처럼 보이는 것이 사실은 공기 중의 미생물과 알에 의한 것임을 증명하였다. 아주 작은 생물과 포자가 공기의 이동으로 옮겨져 생명이 싹튼 것임을 보여주었던 것이다. 그래 파스퇴르가 실험한 이 기구는 140년이 지난 오늘날까지도 아무것도 생기지 않은 그 상태로 남아있다. 파스퇴르는 생명이 씨앗이고 씨앗이 곧 생명임을 확실히 보여주었다.

현명한 사람은 또 있다. 19세기 초엽의 해부학자이자 박물학자였던 퀴비에는 종의 불변론을 주장하였다. 그는 여러 그룹의 생물들은 단순히 비교할 수 없으며 생물의 종은 변하지 않는다고 역설하였다. 그는 화석도 연구했는데, 화석에 나타나는 종은 지각의 변천과정에서 멸종된 것이며 지구에는 3차에 걸친 대변혁이 있었다고 추정하였다. 마지막 것이 노아의 대홍수였다고 주장하며 진화론을 일축하였다.

레디 같은 박물학자도 있고 퀴비에 같은 박물학자도 있다. 뛰어난 업적을 남긴 파스퇴르 같은 생물학자도 있고 황당무계한 소리를 주장한 박물학자도 있다.

얼토당토않은 진화론이 얼마나 허구인지 한번 알아보자. 다윈이라는 상상가는 배를 타고 호주와 남미, 그 지역의 여러 섬들을 돌아다녔다. 우리가 고향을 떠나 다른 곳에 가면 이국적인 풍경에 넋을 잃고 감탄하지 않은가. 이 예민한 박물학자는 낯선 환경이 주는 충격이 너무 컸던지 아니면 멀미를 심하게 해서 그랬는지 다음과 같은 터무니없는 결론을 도출해내었다. 지상의 모든 생물은 하나의 미생물에서 유래했다. 둘째로 종은 불변이 아니라 변이를 수반한 유전에 의해 새로운 종이 출현한다. 마지막으로 이 모든 과정이 자연선택과 적자생존에 의해 서서히 이루어진다.

하나의 꿈이자 동화이다.

아니 차라리 시다.

어찌 이게 과학이 될 수 있단 말인가. 과학이란 실험이요 증명 아닌가. 제아무리 기발하고 애착이 가는 것도 실험이 뒷받침하지 못하면 그건 버리는 수밖에 없는 것이다. 중요한 건 실험으로 입증할 수 있느냐이다.

찰스라는 만화광이 있었다. 그는 만화를 너무너무 좋아해 만화만 보고 살았다. 하루를 만화로 시작해서 만화로 마감했다. 그런 그가 어느 날 이웃나라에 가게 되었는데 경이로운 일이 벌어졌다. 아 글쎄 만화가 다른 것이었다. 만화의 그림이 달랐고 지문이 달랐고 작가가 달랐다. 그는 까무러치게 놀랐다. 그는 놀라움을 감추지 못하고 몇 나라를 더 들렀다. 그런데 더더욱 놀라운 것은 그 나라마다 그 지방마다 다 다른 것이었다. 글씨체가 조금씩 다르거나 화풍이 다르거나 표현이 다르거나 하여튼 약간이라도 다 달랐다.

그는 여행을 마치고 고향에 돌아와 고뇌에 빠졌다. 만화가 왜 조금씩

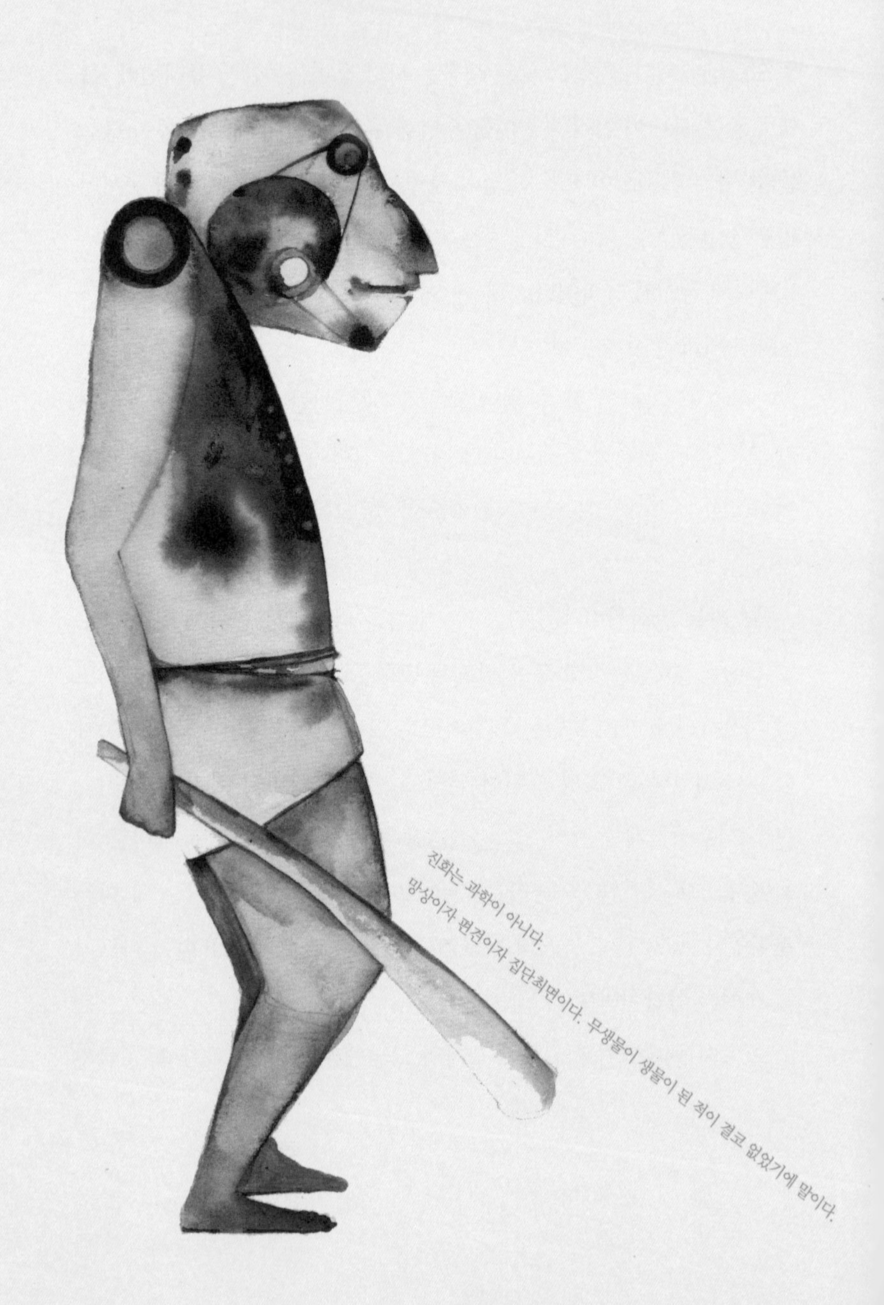
진화는 과학이 아니다.
망상이자 편견이자 집단최면이다. 무생물이 생물이 된 적이 결코 없었기에 말이다.

다른가 하고 오랫동안 생각했다. 그러고는 오랜 고민 끝에 엉뚱하고도 무모한 결론을 내렸다. 그는 스스로 엄청난 것을 발견했다고 생각했으며 인기를 끌 것임을 직감했다. 그건 모든 만화는 하나의 점에서 유래했다. 그 점에서 변화가 생겨 새로운 만화가 생겨났다. 그리고 이 모든 것이 팔리는 책은 팔리고 안 팔리는 책은 팔리지 않는다는 시장경쟁의 원리에 의해 이루어진다는 것이었다.

이는 만화의 기원이라고 불리는 것으로 사람들이 환영하기에 충분한 것이었다. 사람들이 신이라는 소설에 지치고 신물이 났었기에 말이다. 보이지 않는 신에 환멸을 느끼고 넌더리가 났기에 엄청난 인기를 얻게 되었다. 그래 대중은 아낌없이 박수를 쳐주었고 그는 크나큰 성공을 거두게 되었다. 바야흐로 만화의 시대가 열리게 된 것이었다. 그는 새 시대를 연 위대한 혁명가라는 칭호까지 얻게 되었다. 이게 바로 종의 기원이라는 희극의 모습이다.

그렇다.

진화는 희극이다. 그것도 웃기지도 않는 희극이다. 진화론이란 생명의 본질을 망각한 허망한 추론에 지나지 않는다. 시골 농부가 코웃음을 칠 얘기가 진화의 핵심이다. 농부들은 안다. 그들은 팥 심은 데 팥 나고 콩 심은 데 콩 나는 줄 안다. 소는 송아지를 낳고 말은 망아지를 낳는 건 삼척동자도 다 아는 일이다.

그런데 어쩐 일인지 학문이라는 딱지만 붙으면 이런 상식이 통하질 않게 된다. 참으로 이상하고 괴이한 일이지 않은가. 자, 변이라는 고개를 넘고 적자생존이라는 동굴을 샅샅이 파헤쳐 보자. 어렵고 무시무시한 공포를 느끼게 하는 이것들을 탐험해보자. 오늘 날 잡은 김에 아예 뿌리를 뽑자.

진화를 믿는 사람들은 진화는 가설이 아니라 하늘에 해와 달이 뜨는 것처럼 사실이라고 한다. 사실이 뭐고 가설이 뭔지도 모르는 모양이다. 사실이 뭔가. 본 것이 아닌가. 직접 눈으로 본 것을 사실이라고 하는 것이다. 어느 누가 수억 년이나 수십억 년 동안 생존해서 지구를 내려다보며 생물의 진화를 직접 보았다면 진화는 사실이다. 아니라면 어찌 되었던 간에 추측이자 가정이다. 난 인간이 수만 년을 넘어 수억 년 동안 산 사람이 있다는 얘기를 들어보지를 못했다.

"변이 변이" 하며 변이 좋아하는데 화장실에 앉아 "변이 변이" 하면 시원하기라도 한다. 종의 기원이 나온 뒤로 어떤 종에서 다른 종으로 바뀐 게 있나. 있으면 가져오고 증명했으면 보여주면 될 일 아닌가. 아 개를 보라. 개도 좀 많나. 멍멍이, 바둑이, 삽사리, 진돗개, 용감한 풍산개, 셰퍼드, 불도그, 스피츠, 허스키, 세터, 차우차우, 에스키모개 등등 수도 없이 많다. 그래 어디까지 개라고 해야 할지 모호한 개가 있는 법이다. 개 같기도 하고 너구리 같기도 하고 여우 같기도 한 헷갈리는 종간 존재가 반드시 있다.

이건 어느 종이나 마찬가지다. 이건 살아있는 생물이 엄청나게 다양하고 수가 많다는 것을 보여줄 따름이다. 변이나 변종이 생긴다는 것은 생명이 일정한 범위 안에서 다양하게 변할 수 있다는 것을 보여주는 예이며 그 폭을 넘어서지는 못한다는 게 오늘날까지 입증된 사실이다.

그게 전부는 아니다고?

돌연변이가 있어 새로운 종이 생겨난다고? 좋다. 그 말 많은 돌연변이를 보자. 돌연변이는 한마디로 사고이다. 사고는 사고일 뿐이다. 자전거를 땅바닥에 내동댕이치면 오토바이가 되고 망치로 TV 두들기면 컴퓨터가 되던가. 돌연변이로 더 좋은 게 나온다고 말하는 건 폐차장에 회오리바람이 불더니 비행기가 조립되어 나오더라는 말과 같다.

생물학자들이 초파리를 가지고 무수한 돌연변이 실험을 했다. 많이도 했다. 그러나 뭐가 나왔나. 전부 바보와 병신만 나왔다. 앞다리가 머리 위에 붙거나 날개 위에 날개가 붙거나 눈이 아랫배에 붙거나 하는 덜떨어진 초파리만 나온 것이다. 전부 다 해롭고 나쁜 거였다. 또 초파리 아닌 다른 어떤 것으로 되지도 않았다. 나비나 새로 변할 어떤 징조도 보여주지 못했던 것이다. 더욱 놀라운 일은 변형된 초파리를 가지고 계속 교배시켰더니 나중에 완전한 초파리로 되돌아간다는 사실이다. 이건 망가진 부분을 수리하는 유전자가 있다는 좋은 예일 뿐이다.

화석도 마찬가지이다.

화석은 흔적인데 간단한 게 오래되었다. 이게 전부다. 중간화석도 없고 다양한 화석도 없다. 화석을 조사해보면 거의 모든 화석이 완성된 형태로 딱 나타나 그냥 그대로 쭉 있어온다. 변화가 없는 것이다. 또 어떤 것은 갑작스럽게 등장했다가 갑자기 사라지기도 한다. 공룡이 그렇다. 그래 공룡은 확실히 멸망한 것이다. 설령 엄청난 중간화석들이 있다 하더라도 그냥 그런 화석들이 있는 것이다. 그게 정말 우연히 진화했는지 다른 무엇이 만들었는지는 그 다음 문제이다.

도깨비방망이처럼 들먹거리는 그놈의 적자생존과 자연선택을 보자. 적자생존이란 동어반복이다. 이건 그냥 생존한 것은 생존한 거고 사라진 건 사라졌다는 게 전부다. 여기 미역이 있고 선인장이 있고 고사리가 있고 잔디가 있다. 이것을 가지고 바다에 가면 미역이 생존할 거고, 사막에 가면 선인장이 살아남을 거고, 습지대에 가면 고사리가 씩씩하게 클 것이고, 보통의 초원에서는 잔디가 잘 자랄 것이다.

이건 생물과 환경을 말해줄 뿐이다. 이것하고 그것들이 어디에서 왔는가 하고는 별개의 문제다. 중요한 건 미역이나 선인장이나 고사리나 잔디가 어떻게 만들어졌는가 하는 것이다. 바다에서 우연히 미역이 생겨나고 사막에서 저절로 선인장이 만들어진다는 것이 말이나 되는 소린가. 우리가 수영장에서는 수영복을 입고 산에서는 등산복을 입고 연회에서는 화려한 옷을 입는다. 그렇다고 그 옷이 저절로 만들어진 것인가. 아니면 재단사가 만든 것인가.

일단 한 고개를 넘었다. 쪼금 피곤하니 잠시 쉬었다 가자. 유람이나 하면서 삶의 여유를 즐겨보자. 천하제일이라는 금강산에 99년 봉래호 타고 갔다 왔다. 추운 겨울이라 뼈만 남은 개골산인데도 아름다웠다. 한겨울인데도 이랬으니 다이아처럼 피어난다는 봄과 오색단풍이 어우러지는 가을 풍악은 얼마나 환상적일까. 이루 형언할 수가 없으리라.

이 아름다운 명산에 지금으로부터 100년 전에 진귀한 꽃이 발견되었다. 어느 봉우리인지는 모른다. 봉우리가 좀 많나. 비로봉, 월출봉, 차일봉, 호룡봉, 집선봉, 채하봉, 관음연봉, 문필봉 등등 수도 없이 많다. 일만이천봉은 안 돼도 삼천봉은 넘을 거다. 그냥 세존봉이라 하자. 세존봉을 오르는 어느 채집인의 눈에 기암괴석 사이에서 처음 보는 기이한 꽃이 띄었다. 수줍은 듯 아래쪽을 향해 고개 숙이고 있는 모습이 깨끗하면서도 순수한 아름다움을 느끼게 하는 은은한 보랏빛의 이 꽃. 세계적인 희귀종이며 천연기념물인 금강초롱이 세상에 알려지는 순간이었다.

아름다움은 역시 좋다.

맑고 고운 자태로 피어나는 귀한 꽃을 보았으니 이제 한번 놀아보자. 윷놀이도 좋고 신선이 남겼다는 동양화도 좋고 주사위도 좋고 다른 뭐도 좋다. 이왕이면 평소에 안 한 확률놀이로 하자. 이 희귀한 꽃이 발견되었으니 그 옆에서 수십억 년 된 VTR이 발견되어야 마땅하다. 그것도 수십억 년 동안 지구를 녹화한 테이프가 들어 있는 녹화기 말이다. 물론 이 녹화기는 우연히 조립된 거고. 왜 그러냐고? 확률이 그래서이다. 뭔 소리냐고? 그럼 조금 설명을 하자. 플라스틱, 헤드, 핀, 자석, 버튼 등등이 깎이고 조립되어 저절로 녹화기가 될 확률하고 분자들이 모여 살아있는 세포 하나를 우연히 만들 확률하고 비교해보자.

어떨까.

어느 것이 더 복잡해 만들기 어려울까. 당연히 세포 하나다. 이 우연히 조립된 녹화기에 전선이 달라붙고 테이프가 끼여 돌아가면서 세상을 기록하기 시작했다 치자. 자, 이 확률하고 하나의 세포가 다세포생물이 될 확률하고 비교하면 이번엔 어떨까. 물론 다세포이다. 그럼 이제 그 테이프가 10억 년 동안 차질 없이 돌아가 세상을 녹화한 다음에 우리 눈에 발견될 확률하고 다세포생물이 금강초롱으로 될 확률하고 비교하면 어떻게 될까.

이것도 물론 금강초롱 한 송이이다. 이처럼 단순해 보이는 꽃 한 송이도 상상할 수 없을 만큼 정교한 것이다. 살아 움직인다는 것은 어마어마할 정도로 복잡하고 치밀한 것이다. 그래 발달했다는 현대의 첨단 과학도 세균 하나도 바이러스 하나도 만들어내지 못하고 있는 실정이다. 생명이란 기본적으로 원자와 분자들이 극도의 정밀성을 가지고 섬세하게 배열된 것이기에 말이다.

위에서처럼 꽃 한 송이, 나뭇잎 한 조각, 간단한 세균 하나, 고기 한 점 역시 10억 년짜리 비디오보다 훨씬 더 정교하다. 무지무지하게 복잡한 생물이 우연히 만들어졌으니 그보다 더 단순한 테이프는 수도 없이 많아야 된다. 여기에도 있고 저기에도 있어야 이치에 맞다. 그래 진화론이 맞다면 우린 힘들게 애쓸 필요가 없다. 그냥 비디오테이프 몇 개 찾으면 해결되니 말이다. 45억 년짜리 테이프 찾아 돌리면 그걸로 증명 끝이다. 창조가 옳으니 진화가 옳으니 힘들게 싸울 필요도 논쟁할 필요도 없다. 그러기에 양심적인 학자들은 물질에서 하나의 세포가 우연히 만들어지려면 우주의 전역사보다 더 긴 시간이 주어진다 하여도 불가능하다고 솔직히 고백하고 있는 실정이다.

이것뿐만이 아니다. 만약 진화가 옳다면 우린 진화론의 옳음을 증명할 수 없다. 진화를 입증한다는 모든 증거들이 그 정당성을 상실하기에 말이다. 화석이고 흔적이고 뼈다귀고 뭐고 죄다 우연히 조립될 수 있기에 말이다. 오묘한 생명체도 저절로 만들어지는 판에 뭣인들 불가능하랴. 또 종의 기원도 사람이 쓴 게 아니다. 기가 막힌 우연에 의해 써진 것이다. 150년 전에 변이라는 바람이 불더니 자연선택이라는 이상한 펜이 만들어져 종이가 다듬어진 다음에 저절로 종의 기원이라는 책이 써진 것이다.

이게 바로 모순 아닌가.

진화론이 옳으면 종의 기원은 사람이 쓴 게 아니고, 사람이 쓴 게 맞다면 진화는 진실이 아니다. 단순한 책은 사람이 목적을 가지고 쓴 것이고 책보다 무지무지 복잡한 인간이 저절로 생겼다는 것이 바로 모순이 아니고 무엇이랴.

진화는 과학이 아니다.

망상이자 편견이자 집단최면이다. 진화는 환상이자 관념덩어리이자 맹목적 믿음이다. 생물학은 과학이지만 진화론은 과학이 아니다. 무생물이 생물이 된 적이 결코 없었기에 말이다. 진화가 과학이라면 과학하는 모든 사람을 욕되게 하는 것이다. 진화론이 과학이 아닌 것처럼 그 창시자 역시 새로운 시대를 개척한 위대한 천재가 아니다. 다윈이 대사상가라면 코페르니쿠스나 뉴턴이나 파스퇴르의 이름을 더럽히는 짓이다. 그는 생물의 본질을 망각한 한 관찰자에 지나지 않는다. 만약 그가 철저하고 예리한 사상가였다면 당연히 자기주장이 가지고 있는 약점이나 난점을 다각도로 분석했어야 마땅했다.

그러나 그는 1860년대에 발표된 파스퇴르의 실험도 애써 외면했을 뿐만 아니라 멘델의 논문도 제대로 검토하지도 않았다. 이 두 논문에는 진화를 부정하는 핵심이 그대로 다 실려 있었다. 진화라는 개념이 설여지가 없는 것이다. 파스퇴르는 무생물에서 생물로의 이행이 불가능함을 실험으로 명백히 입증했으며 멘델은 변이와 변형은 유전자 안에서 일어나는 일정한 변동폭임을 보여주었던 것이다.

또 진화가 사실이라면 자동차도 건물도 우리 선조들이 피와 땀으로 만들고 세운 게 아니다. 무수한 자동차와 수없이 많은 건물들이 전부 우연히 조립된 것이다. 우리가 이렇게 말하면 아마 이것을 만든 조상들이 무덤 속에서 뛰쳐나와 이렇게 외칠 것이다.

'어이 털복숭이 친구! 내가 무덤 속에서 듣자듣자 하니까 도저히 누워있을 수가 없구먼. 진화는 무슨 놈의 진화고 변이는 무슨 얼어 죽을 놈의 변이여. 다 다듬고 깎고 죽어라 일해서 만든 것이여. 이걸 만드느라고 얼마나 고생했는데 그따위 소리를 해대는 거여. 그러니까 두 번 다시 자동차 앞에 얼씬거리지도 마.'

자동차나 건물이 문제가 아니다. 우연에 의해서는 간단한 밥그릇이나 숟가락 하나도 결코 만들어지지 않기에 말이다. 건축가 없이 어떻게 건물이 지어지며 작가 없이 어떻게 책이 쓰여지며 시계공 없이 어떻게 시계가 만들어지며 프로그래머 없이 어떻게 프로그램이 만들어진단 말인가. 마네킹은 마네킹이다. 그 이하도 아니고 그 이상도 아니다. 죽은 마네킹에 모자 씌우고 스카프 두르고 소리 나는 팔찌 끼우고 화사한 치마 입힌다고 살아 움직이는 사람이 되는가. 바람에 스카프 날리고 쨍그랑 소리 나고 치마가 펄럭일 때 사람 같아 보이지만 결코 산 것이 아닌 것이다. 진화론이란 죽은 자연발생에 이것저것 갖다 치장한 것에 불과한 것이다.

이게 진화론의 본질이다. 이것이 핵심이다. 다른 말이 필요 없다. 말 같지도 않은 말 늘어놓지 마라. 그런 건 아무런 도움이 되지 않는다. 진실이란 단순하고 우리 곁에 있는 것이다. 당신과 나 그리고 우리 모두 누가 낳았는가. 우리 부모가 낳은 것 아닌가.

생명은 생명에서 오는 것이다.

이게 정답이자 핵심이다. 바로 이처럼 우주에서 온 부모가 지구에 와서 까놓은 것이다. 이게 전부이다. 진화론이 나온 뒤로 생물이 진화한 것은 없고 오로지 진화론만 진화했다. 도약진화다 종합진화다 수렴진화다 안정화다 단속평형이다 말만 요란하고 화려하게 발달했고 진화했다. 이렇게 말만 화려하게 치장한 사람을 무어라고 하는가. 정직이란 모름지기 아는 것을 안다고 모르는 것을 모른다고 하는 것이다.

후세 사람들은 놀랄 것이다.

이토록 허술하고 말도 안 되는 공허한 주장을 한 세기 이상 수많은 사람들이 신앙처럼 믿고 따랐다는 사실에 기절초풍할 것이다. 그러기에 진화는 진실의 문제가 아니라 심리의 문제이다. 이건 심리학에서 다루어야 할 문제인 것이다. 사람들은 진리를 믿는 게 아니라 많은 사람들이 믿는 것을 믿는다는 심리의 문제인 것이다.

그래 심리학자들 사이에 공공연한 비밀이 하나 있다. 그건 거짓말을 하려면 크게 하고 뻥을 치려면 엄청난 뻥을 치라는 것이다. 그래야 쉽게 들통이 안 나니까 말이다. 작은 건 쉽게 들통이 난다. 하지만 큰 것은 좀처럼 들통이 안 나며 한 번 자리잡으면 여간해서는 꿈쩍도 않기에 말이다. 인류역사를 관통하는 어마어마한 뻥과 거짓이 있는데 바로 신과 진화론이다. 이 두 개는 반드시 박물관에 보존해야 할 유물이자 흔적이다.

뭐, 반론이 있다구. 무생물은 진화가 안 되지만 생물은 진화한다구. 봐라. 큰 뻥의 위대함을 보라. 그래도 여전히 진화한다고 앵무새처럼 따라하질 않는가.

좋다.

생물과 무생물의 차이점이 뭔가. 생물학자들이 이래저래 고민하고 고민하다 한다는 말이 '막에 의해 외부와 분리된 환경에서 대사작용을 하며 복제를 통해 후손을 남기는 것' 이라 한다. 이건 생명이란 무지무지하게 복잡하다는 말일 뿐이다. 복잡함과 정교함이 생물과 무생물을 가르는 분수령이 되는 것이다. 그 정교함이 어느 정도인지 조금만 맛보기로 하자. 분자의 세계를 모를 땐 혹 모르겠다. 하나의 가설로서 진화론이 살아남아 있을지도 모르겠다. 하지만 원자와 분자의 세계는 진화가 가능할 것이라는 실낱만한 희망도 으깨 부셔버린다.

우주에서 가장 경이롭다는 우리의 뇌나 눈을 예로 들 필요도 없다. 한시도 쉬지 않고 피를 뿜어대는 심장도 우리를 보호해주는 피부도 필요 없다. 날아다니는 새도 헤엄치는 물고기도 돋아나는 새순도 필요 없다. 생명이 얼마나 오묘한 것인가는 세포 하나면 충분하기에 말이다. 생명은 세포로 지어진 건물이다. 생명의 기본단위인 세포가 어마어마하게 모여 생물이 된다. 대장균, 제비동자꽃, 가시고기, 영덕대게, 장수하늘벌레, 딱따구리, 낙타, 침팬지, 인디언에 이르기까지 전부 세포라는 벽돌로 이루어진 정교한 건물들이다.

이 세포라는 벽돌은 보통 벽돌과 엄청 다르다. 일단 너무너무 작아 눈으로 보기 힘들다. 또 살아 있다. 지금까지 인간이 만든 그 어떤 것도 살아 있는 세포 하나를 능가하지 못한다. 아니 짐작할 수도 없고 어떻게 해볼 수도 없을 정도로 정밀하고 섬세한 곳이 세포이다. 알면 알수록 그 복잡함에 입을 다물지 못하게 되는 게 세포라는 미시세계이다. 우린 이제야 세포가 얼마나 경이로운 세계인가를 조금씩 알아가고 있을 뿐이다. 마침표 하나보다도 더 작은 이곳에 무수한 소기관들이 상상할 수 없을 정도로 치밀하게 짜여 돌아가고 있는 것이 바로 세포이다.

세포는 한마디로 환상적일 정도로 복잡한 소우주 그 자체이다.

이 작은 곳에 수많은 소기관들이 조화를 이루며 기능을 수행하고 있다. 세포를 조절하는 핵, 유전자인 DNA가 들어 있는 염색체, 단백질을 만드는 리보솜, 만들어진 단백질을 운반하는 소포체, 세포에 에너지를 공급하는 미토콘드리아, 단백질을 분배하는 골지체, 세포 증식에 역할을 하는 중심립, 세포 모양을 유지하는 미세섬유 등이 정교하게 맞물려 돌아가는 곳이 세포라는 소우주이다.

이 세포에 비하면 서울은 엉성하고 낭비가 심한 헐렁한 도시에 불과하다. 대도시보다 더 정밀한 이 세계를 상상해보라. 우리가 서울시 전체를 책 한 페이지에 그대로 축소할 수 있을까. 건물과 도로와 상하수도와 자동차와 전철과 통신망을 그대로 유지하면서 종이 한 장 위에 과연 줄일 수 있을까.

현재의 기능이 그대로 유지되면서 살아있는 모형으로 줄어든 종이의 서울이 얼마나 복잡한가. 그래도 세포에 비교할 수가 없다. 아직도 비교할 수 없을 정도로 먼 것이다. 한참이 아니라 엄청난 거리가 있다. 이 종이 위의 서울을 점 하나의 크기로 줄였다 치자. 그래도 먼 것이다. 아직도 커다란 간격이 살아있는 세포와 축소된 서울에 놓여 있는 것이다.

이처럼 가장 단순한 세포 하나도 환상적일 정도로 복잡할 뿐만 아니라 우리의 상상을 뛰어넘는 것이다. 그러기에 과학이 발달했다는 오늘날에도 살아있는 박테리아 하나를 만들 엄두를 못 내고 있는 것이다. 이 세상에서 가장 뛰어난 과학자들을 모두 끌어 모아도, 인간이 가진 모든 지식과 수단을 다 동원해도 살아있는 세균 하나를 만들어내지 못하기에 말이다.

아니 만드는 게 문제가 아니다. 우린 아직도 세포의 기능을 대부분 모르고 있는 실정이다. 세포의 구조뿐만 아니라 하나의 세포가 개체로 성장하는 경우도 신비롭기는 매한가지이다. 난자와 정자의 수정에서 생명은 시작된다. 사람의 수정란은 지름이 겨우 0.1mm에 불과하다. 이처럼 작은 수정란이 자궁 안에서 분열을 반복하여 3kg의 아이가 되어 태어난다. 하나의 세포에서 시작해 엄청난 수의 세포로 이루어진 사람으로 성장하는 과정은 그야말로 경이로움과 기적의 연속이다.

어마어마한 수의 세포가 모여 생명이 되는 것처럼 하나의 세포 역시 엄청난 수의 원자와 분자들로 이루어져 있다. 생명을 이루는 밑바탕인 원자는 미시의 세계이다. 생명은 이 원자라는 무한소의 알갱이를 바탕으로 짜여진 거대한 우주이다. 원자는 너무너무 작아 직접 만져볼 수 없다. 우리가 이들보다 수천만 배 이상 크기에 말이다. 가장 작은 수소 원자는 크기가 10억 분의 1m이다. 다른 원자들은 이보다 약간 더 크다. 이들 원자들이 모이고 연결되어 분자가 된다. 수백조 개의 원자와 분자가 모이고 조직되어 세포가 된다.

원자와 분자는 정말로 작다.

원자는 마침표인 점 안에 백만 개가 들어갈 정도로 무지무지 작다. 완두콩만한 크기 속에 6×10^{19}의 공기분자들이 우글거리고 있는 셈이다. 이는 60억의 인구를 가진 지구가 100억 개 있는 셈이다. 지구 100억 개에 해당하는 사람의 총수를 상상해보라. 이처럼 엄청난 수의 분자들이 자그마한 강낭콩 속에 다 들어있는 셈이다. 어지럽고 현기증이 느껴질 정도가 아닌가. 흙 한 삽에도 물 한 바가지에도 이보다 수십 배 많은 원자와 분자들이 득실거리면서 서로 충돌하고 있는 곳이 바로 원자의 세계이다. 그것도 한두 가지가 아니라 수만 수억 종류의 분자들이 섞이고 뒤엉킨 것이 보통 물질의 세계이다.

그런데 이게 어떻게 바람 분다고 번개 친다고 파도가 일렁인다고 특정한 원자와 분자들만 모이고 또 모인단 말인가. 어떻게 특별한 아미노산만 줄을 이루어 단백질을 만들어낸단 말인가. 어떻게 해서 일정한 원자들만 모여 염기가 되고 이들 염기가 꼬이고 꼬여 DNA가 될 수 있단 말인가. 누가 요술을 부리고 마술을 부렸길래 30억 염기쌍이 그토록 아름답게 이중으로 꼬일 수 있단 말인가. 간단한 새끼줄도 저절로 꼬여지질 않는데 말이다. 바람인가 화산인가 번개인가 아니면 파도인가. 대체 그 무엇이 이토록 경이로운 일을 해냈단 말인가.

살아있는 세포는 결코 가만히 있을 수 없다. 무수한 소기관이 저마다 만들고 보내고 저장하고 움직이고 망가진 분자를 고치고 복제하는 이런 일들을 한 순간도 쉼 없이 하고 있다. 잠깐이라도 멈추면 그 세포는 죽거나 파괴되어 버린다.

어떻게 해서 먼지 하나보다 더 작은 세계에 거의 200조 개로 추정되는 분자들이 이토록 조화롭고도 경이롭게 작용할 수 있단 말인가. 핵 속의 DNA에는 백과사전 1000권 자리의 정보가 빼곡히 저장되어 있다는 사실을 우린 어떻게 보아야 한단 말인가. 어떻게 해서 이런 기적이 일어날 수가 있었단 말인가. 어떻게 해서 DNA라는 이 작은 설계도에 눈동자의 색깔, 얼굴 생김새, 심장의 기능, 백혈구의 역할, 성격과 지성뿐만 아니라 탄생에서 죽을 때까지의 모든 정보가 쓰여지게 되었단 말인가.

이것뿐만이 아니다.

하나의 세포가 어떻게 해서 자신을 복제할 수가 있었단 말인가. 단세포생물은 어떤 경로를 통해 다세포생물이 될 수 있었단 말인가. 어떻게 해서 물고기가 생길 수 있었으며 어떻게 해서 아가미가 폐가 될 수 있었으며 비늘이 날개가 될 수 있었단 말인가. 어떤 경이로운 과정을 거쳐 심장이 뛰게 되었으며 눈이 생겨 볼 수가 있었으며 머리가 생겨 생각할 수가 있었단 말인가.

이 모든 것이 대체 어떤 과정을 거쳐 이루어졌단 말인가. 진화론을 믿는 사람들이여, 한번 설명해보시라. 적응하고 고안하고 선택되었다는 뻔한 거짓말은 빼라. 말이 좋아 적응이고 선택이고 고안이지 이 세상에 모래알이나 바닷물이나 바람보다 더 편한 게 세상에 어디 있는가. 가스나 얼음덩어리보다 더 적응하기에 좋은 게 어디에 있는가. 어떤 미친 모래알이 꼬이고 꼬여 유전자가 된단 말인가. 어떤 정신 나간 바닷물이 조직되고 조직되어 세포가 된단 말인가. 이 세상에 살아있는 것만큼 피곤하고 성가신 일이 어디에 있다고 무생물이 생물이 된다는 말인가. 숨쉬어야 하지 먹어야 하지 움직여야 하지 끊임없이 혈액을 보내야 하지 광합성해야 하지 꼬셔야지 그야말로 귀찮고 성가신 게 살아있다는 것 자체인 것이다.

해변에 가서 모래성을 한번 쌓아 보라. 그러면 그게 철근이 달라붙고 시멘트가 섞이고 상하수도가 놓이고 전선이 깔려 저절로 아파트가 되던가. 아니면 파도가 두어 번 친 다음 흔적도 없이 사라져버리던가. 하나마나한 얘기는 집어 치워라. 자신도 모르는 주장을 어찌 녹음기처럼 되풀이할 수 있단 말인가. 수십억 년 전에 우연히 세포 하나가 형성되었다느니 앞다리가 날개로 적응되었다느니 따위의 정신 나간 소릴랑 하지를 마라. 45억 년이 되었든 150억 년이 되었든 150조 년이 되었든 불가능한 것이다.

오늘 안 되는 것은 내일도 안 되고 모레도 안 되고 영원히 안 되는 것이다. 억겁의 시간이 지나도 안 되고 영겁의 세월이 흘러도 안 되는 건 안 되는 것이다. 자연이란 목적이 없고 방향이 없기에 말이다. 차라리 모르면 모른다고 하면 될 일 아닌가. 몇날 며칠을 고뇌해보라. 숲 속 길을 헤매고 잠을 이루지 못하며 스스로에게 물어보라.

그러고 나서 세포를 들여다보라.

그래도 진화가 믿어진다고. 거짓으로 치장한 명예와 부가 그리도 소중한가. 그럼 이번에는 며칠을 굶어보라. 숙변을 없애는 김에 머리에 찌든 편견도 제거하라. 일체의 선입견을 배제한 다음 맑고 투명한 눈으로 세포를 다시 들여다보라. 그래도 믿어진다면 나도 할 말이 없다. 어느 무예의 달인은 말했다. 똑바로 서는 게 제일 어려운 일이라고 말이다. 그처럼 인간으로서 가장 힘든 것은 제대로 보는 일일 것이다. 그것도 때 묻지 않은 순수하고 깨끗한 눈으로 말이다.

살아있는 것과 죽은 것 사이에는 거대한 간격이 있다. 조그마한 내도 아니고 강도 아니고 바다도 아닌 어마어마한 거리가 있다. 은하와 은하, 우주와 우주 사이의 거리보다 훨씬 더 먼 광대한 간격이 있는 것이다. 무한한 시간이 흘러도 저절로 될 수 없는 간격이 가로놓여 있다. 다시는 돌아올 수 없는 다리가 생물과 무생물 사이에 영원처럼 드리워져 있다. 한번 건너가면 영원 속으로 무너져 내리기에 다시는 이을 수 없는 다리가 놓여있는 것이다.

그러기에 세포가 한번 파괴되어 무생물이 되면 두 번 다시 살아 움직이게 할 수 없다. 사람도 죽으면 다시 살아날 수가 없는 것처럼 말이다. 그래 사랑하는 사람이 죽으면 우린 서럽게 울지 않는가. 죽음이라는 돌아올 수 없는 다리를 건넜기에 말이다. 여기에서 우린 생명의 존엄함을 얘기할 수가 있게 되는 것이다. 그래 살아있는 것이 존엄하다면 존엄한 것이고 고귀하다면 고귀한 것이다. 생물과 무생물 사이에 영원으로도 넘을 수 없는 거리가 있기에 우린 생명의 존귀함을 말할 수 있게 되는 것이다.

실체가 이러한데 지상의 수많은 생물이 어떻게 우연히 생겨났다고 믿을 수 있단 말인가. 어떻게 이따위 허튼 소리가 인간 정신의 꽃이라는 과학이 될 수 있단 말인가. 이것이 망령이 아니고 무엇이랴. 이게 꿈이 아니고 무엇이랴. 이 잠꼬대가, 이 황당한 소리가 어떻게 100년을 넘게 인간 정신의 찬란한 금자탑인 과학계에 주류로 떡 버티고 앉아있을 수 있단 말인가. 꿈도 보통 꿈이 아니고 망상도 보통 망상이 아니다. 어떻게 이것이 현상을 체계적으로 이해하는 일관된 관점이 될 수 있단 말인가. 만약 진화론이 과학이고 학설이라면 이 세상에 과학 아닌 것이 없다. 그 어떤 허망한 주장도 진화보다는 낫기에 말이다. 진화론이 인간의 본질을 밝힌 위대한 통찰이라면 세상에 훌륭하지 않은 주장이 없고 그 주창자가 위인이라면 대사상가 아닌 사람이 없다.

우린 잠에서 깨어나야 한다. 진화라는 허상에서 하루빨리 벗어나야 한다. 이런 허망한 집단최면에서 한시라도 빨리 눈을 떠야 한다. 분명 우리의 후손들은 놀랄 것이다. 이 말도 되지 않는 주장이 과학이라는 이름으로 20세기를 지배했다는 것을 알면 그들은 놀라 까무러칠 것이다. 신앙의 이름이 아니라 최고로 엄밀하고 합리적이라는 과학의 간판으로 그랬으니 놀라는 것도 무리가 아닐 것이다.

우린 물들어져 있고 조건 지어져 있다. 관습에 교육에 그리고 사회적 권위에 말이다. 그러기에 이런 웃기지도 않는 일이 일어날 수 있는 것이다. 진화라는 얼토당토않은 막간극은 이제 끝날 때가 되었다. 신에서 시작해 우리가 스스로의 기원을 명확히 아는 도중에 잠깐 웃겼던 이 단막극은 이제 막을 내릴 때가 된 것이다. 털보 아저씨가 퇴장을 하면서 우리의 기원도 명백해졌다. 이제 남은 건 하나다. 답은 뻔하다. 둘 남은 것 중에서 하나도 내뺐으니 답은 저절로 나와 있다. 깨달음이 이처럼 쉬울 줄이야. 우린 확실히 우리 자신이 무엇인지 알게 되었다.

외계인만 남아 있다.

외계인에 의한 과학적 창조가 유일한 답이다. 바로 생명은 생명에서 온다는 저 생명속생설이 우리의 기원이자 답이다. 이게 정답이고 이것이 진실이다. 레디에 의해 기초가 놓이고 위대한 파스퇴르가 엄밀한 실험으로 입증했던 생명속생설이 생명의 본모습이었고 실체였던 것이다.

외계인이 답이다.

그렇다. 외계인이다. 외계인 엘로힘이 만들었다. 히브리어로 하늘에서 온 사람들. 그들이 지상의 살아 숨쉬는 모든 것을 창조한 것이다. 식물이든 동물이든 단세포이든 다세포이든 전부 다 말이다. 우리처럼 생기고 우리와 닮은 인간들이 흙과 물을 가지고 원자와 분자들을 반죽하고 조립하여 살아있는 모든 생물을 만든 것이다.

우리처럼 머리가 있고 팔다리가 달린 사람들. 우리들 조상이 신으로 숭배했고 사랑했던 그 존재들. 바로 다른 별에서 온 엘로힘이 우리들을 창조하고 만든 것이다. 이게 생명의 본질이자 숨겨진 수수께끼의 답이다. 진실이란 이처럼 단순하고 우리 곁에 있는 것이다. 인류의 역사 이래 수많은 사람들이 찾고 찾았던 문제의 답은 바로 생명은 생명에서 온다는 이것이었던 것이다.

신이라는 소설은 옛날에 끝났고 진화라는 희극도 막이 내렸다. 또 진실도 밝혀졌다. 두 번 종쳤고 답도 알았으니 이제 그만 끝내자. 밤도 깊었으니 우리도 그만 접자. 입으로만 떠들어서야 무슨 소용이 있는가. 살아있는 생명을 만들어 보여주어야 한다. 하지만 현재의 우리 수준에 무슨 수로 생물을 만들어낸단 말인가. 아직은 이르다. 넘지 못할 벽이 있는 것이다. 그렇지 않으면 지금 당장 엘로힘이 지구에 와야 한다. 하지만 이것도 아직 때가 이르다. 인류가 현명하다는 조건이 충족돼야 만이 열리는 문인 것이다.

결국 우린 똑같은 입장이다. 신도 그렇고 진화론도 그렇고 외계인도 그렇다. 현재로서는 다 같은 처지이다. 모두 다 확실한 근거가 없기에 말이다. 다만 우리가 하는 행위가 인간이 인간을 만들었다는 것을 입증해가는 과정이라는 이게 강력한 증거가 되는 것이다. 우리가 하는 모든 행위가 점점 창조자를 닮아가고 있다는 이 상황이야말로 증명 중의 증명이 아니겠는가. 이보다 더 명백한 근거가 어디에 있겠는가.

확실한 증명은 없다.

어디에도 없다. 분명 그렇다. 지성이란 증거가 아니기에 말이다. 증거란 늦은 것이다. 태풍이나 지진이나 행성충돌은 너무 늦은 것이다.

그러기에 지성이란 예측이자 불확실이자 모호함이 되는 것이다.

그래 이 글은 여기에서 끝나야 어울린다. 그래도 안 된다고. 손잡고 키스로 끝낼 수 없다고. 살림 차리고 애 낳자고? 그럼 갈 데까지 가자는 거 아닌가. 좋다. 입만 살아 비록 싱겁긴 싱겁지만 용기를 내어 가보자. 우리 넉넉한 마음으로 세계여행이나 떠나보자. 여행한다고 지혜를 터득하는 건 아니다. 거기에 있는 현상은 여기에도 있기에 말이다. 그렇지만 여행은 그 자체로 즐거우니 우리 한번 갈 데까지 가보자. 우리가 이 땅 위에서 갈 데까지 가면 어찌 되는가. 지구를 뱅뱅 돌기밖에 더하겠는가. 다른 별에 가야 한다. 갈 데까지 갈려면 우린 다른 별에 가야만 한다.

우주는 넓다.

넓고도 깊어 끝없다. 한마디로 광대무변하다. 공간적으로나 시간적으로나 끝없이 펼쳐져 가없는 게 대우주의 세계이다. 이 광활한 시-공 속에서 지구는 한 점에 지나지 않고 우리네 삶은 찰나에 지나지 않는다. 우리의 삶은 영원한 두 죽음 사이에 놓인 짧은 연극이고 우리의 앞과 뒤에는 무한이라는 거대한 암흑이 놓여 있다.

밤하늘을 수놓는 은하수는 아름다운 별무리이다. 수없이 많은 별들이 그것도 2000억 개 이상 모인 게 우리 은하이다. 이런 은하들이 모여 은하군과 은하단을 이룬다. 이들이 모여 또 다른 거대한 거품구조인 초은하단을 형성한다. 거품막이 초은하단, 막 사이의 빈 공간이 거대공간에 해당한다는 것이 밝혀지고 있는 중이다. 어쩌면 은하나 초은하단이 어떤 거대한 존재의 원자일지도 모르는 일이니 우주는 그야말로 무한 그 자체라고밖에 할 수 없다.

무수한 별들로 이루어진 우리 은하 속에 찬란히 빛나는 별이 있었다. 어쩌면 밤하늘을 영롱하게 수놓는 오리온자리의 시리우스일지도 모른다. 지구에서 비교적 가까운 거리에 있는 이 별은 놀라운 행성을 거느리고 있었다. 아득한 옛날 이 행성에서는 생명창조라는 경이적인 일이 진행되고 있었기에 말이다.

그들은 원자를 가지고 놀았다. 우리가 이제 막 시작하려는 나노 기술에 그들은 능숙하였고 통달하였다. 바둑의 신처럼 당구의 도사처럼 카드의 달인처럼 원자와 분자를 가지고 마음대로 놀았다. 그들은 심혈을 기울여 최초의 세포를 만들어내었다. 환상적인 기술을 가진 그들은 어마어마한 수의 분자를 조직하여 살아있는 세포를 만드는 데 성공한 것이었다. 우리가 진흙가지고 그릇을 만들 듯 그들은 원자를 가지고 생명을 창조하기 시작했다.

최초의 세포를 바탕으로 식물을 만들었고 뒤이어 동물을 창조하기에 이르렀다. 과학자들이 동물을 만들게 되자 부작용을 염려한 정부와 여론의 강력한 반대에 부딪쳐 창조실험은 중단되기에 이르렀다. 그러자 과학자들은 실험을 계속할 수 있는 곳을 찾아 머나먼 우주여행을 떠났다. 몇 개의 행성이 선택되었는데 그 중의 하나가 바로 지구였던 것이다.

과학자들이 지구를 처음 발견했을 때, 지구는 온통 물로 덮여 있었다. 위에는 구름이, 아래에는 바다가 표면을 완전히 뒤덮고 있었다. 그들은 햇빛이 해롭지 않다는 것과 대기와 물이 있어 생명창조의 모든 조건을 갖추고 있다는 것을 파악하였다. 과학자들은 바다 밑에 있는 지각을 밀어 올려 원초의 단일대륙을 만들었다. 그리고 실험실을 지어 생명을 창조하기 시작하였다. 장대한 시간 동안 심혈을 기울여 온갖 생물을 만들어내었다.

조그만 단세포생물에서부터 시작해 식물을 만들었고 이어 물고기와 새를 창조하였다. 다음으로 짐승을 만들었고 마지막에 자신들의 모습에다 심리적인 특성을 덧붙여 인간을 창조하였다. 창조된 인간들이 뛰어난 지능을 보여주었기 때문에 자신들에게 해가 될 수 있다고 반대파들은 두려워했다. 그래 정부는 인간이 원시상태에 머물러 있도록 과학지식을 금하고 진실을 알 수 없도록 조치했다. 그들 과학자들 중에 인간을 친자식처럼 사랑했던 루시퍼가 있었다.

그는 창조물이 보여준 지성을 신뢰하고 인간에게 빛을 가져다주었다. 인간에게 진실을 밝히고 인간도 과학을 배우면 자신들처럼 생명을 창조할 수 있다는 것을 알려주었다. 명령을 어긴 그는 그들의 행성을 떠나 지구에 살도록 추방당했다.

자신들의 행성과 가까운 곳에서의 생명창조를 비판했던 반대파 사탄이 있었다. 그는 지구에 와서 인간의 과학기술이 매우 진보했다는 것과 인간들끼리 전쟁하는 모든 증거를 모았다. 그는 인간이 자신들에게 큰 위험이 된다는 것을 강력히 주장하며 평의회를 요구했다. 불사인들의 회의가 열렸고 격론이 벌어졌다. 결국 사탄의 주장이 받아들여져 실패작인 인간을 홍수를 일으켜 쓸어버리기로 결정이 났던 것이다.

사탄과 정면으로 대립했던 루시퍼는 자신을 따르는 노아에게 재난이 임박했음을 경고하고 방주를 건설하도록 했다. 홍수가 있기 직전 거대한 우주선인 방주는 모든 동식물 암수 한 쌍씩을 싣고 하늘 높이 떠올랐다. 그 뒤 거대한 미사일이 발사되었다. 이 미사일은 지구에 엄청난 재앙과 대이변을 초래했다. 이 충격에 하나의 단일대륙은 유라시아와 남북아메리카로 분리되고 호주와 남극이 떨어져나갔다. 어떤 곳은 스프링처럼 부풀어 올라 엄청난 산맥을 만들었고 어떤 지역은 바다 밑으로 내려앉았다.

지상의 살아있는 모든 것들이 완전히 죽고 파묻혔다. 어떤 것은 형체도 없이 불에 타버렸고 어떤 것은 지각 속에 묻혀버렸고 어떤 것은 그대로 얼어버렸다. 충돌 중심지 부근은 녹아 내려 흔적도 없이 다 타버렸다. 엄청난 파도와 높이가 수천 미터에 달하는 어마어마한 해일이 덮쳐왔다. 거대한 홍수가 지구를 완전히 휩쓸었던 것이다.

지축이 이동하고 치솟은 엄청난 먼지가 햇빛을 가려 따뜻하고 온화했던 지역에 순식간에 혹독한 추위가 닥쳐왔다. 수많은 동물들이 입에 풀잎을 문 채로 그대로 얼어 죽었고 증발한 수증기는 극지방에 눈으로 내려 쌓이며 거대한 빙산을 만들어내었다. 파묻힌 동식물이 석유와 석탄이 되었고 그 중의 극히 일부가 화석으로 발견되고 있는 것이다. 이게 바로 그 말 많은 화석의 비밀이다.

홍수 후에 그들 엘로힘은 인간들 역시 자신들과 동등하다는 것을 이해하게 되었다. 인간도 그 기원과 목적에 있어 자신들과 같다는 것을 알게 된 것이었다. 그 후 그들은 방주 속의 생명을 가지고 재창조를 했으며 지상에 생물이 번성하도록 도왔다. 여기에 공룡이 빠졌으니 멸종한 것으로 보이는 건 지극히 당연한 일이다. 또한 그들은 시대를 달리해 메신저들을 보내 인류를 이끌었고 유대교, 불교, 기독교, 이슬람교 등의 종교를 창시하도록 했다. 과학이 어느 정도 진보했을 때 인간이 모든 것을 알아볼 수 있도록 준비해두었던 것이다.

이 같은 진실은 신화가 되어 전설이 되어 인간들에게 전해졌다. 지구상 곳곳에 대홍수와 대이변에 대한 흔적이 남아 있고 인간을 도왔던 신들에 대한 이야기가 전해오고 있다. 한국의 단군신화에도 중국과 인도의 신화에도 그리스와 로마의 신화에도 중동과 아프리카뿐만 아니라 남북아메리카와 북극 에스키모의 신화에도 숨겨진 진실은 전해져 내려왔다. 환인과 환웅으로, 반고와 시바로, 제우스와 주피터로, 아누와 오안네스로 오시리스와 놈모로, 비차코차와 케찰코아틀로 이러한 신화와 전설은 거의 모든 곳에 광범위하게 전해져왔던 것이다.

중동지역인 수메르에 전해져오는 신화는 매우 구체적이고 사실적이다. 수메르에는 신들의 왕인 아누, 천공의 주인 엔릴, 바다의 주인 엔키, 생명의 여신 닌후르사그가 있고 그외 여러 신들이 있다. 인간이 넘볼 수 없는 불사의 존재인 신들이 땅과 바다를 가른 후, 심혈을 기울여 날고 헤엄치고 기는 온갖 생물을 창조했다. 세월이 흘러 인간이 늘어났다.

세상이 죄악으로 가득 차자 천상의 신들이 모여 평의회를 열고 홍수를 일으켜 인간을 멸망시키는 문제에 대해 투표를 했다. 이 신 중에서 생명창조에 적극적이었던 엔키는 비판적이었던 엔릴과 여러 번 대립하게 되었다. 결정이 내려지고 합의된 사항은 인간에게 절대비밀로 붙여졌는데 엔키가 우트나피쉬팀이라는 인간에게 몰래 전하며 대재앙이 다가오고 있음을 알려주었다. 대홍수에 앞서 인류를 구원했던 엔키의 경고는 수메르에 다음과 같이 전해져오고 있다.

'갈대담 갈대담. 담. 담.
갈대담 들어라. 담 귀를 기울여라.

슈루파크의 사람. 우부르투투의 아들이여.

집을 허물고 배를 만들어라.

부를 놔두고 생명을 구하라.

재산을 버리고 목숨을 건져라.

살아있는 온갖 생물의 씨를 배에 실어라.

네가 만들 배는 그 크기를 잘 재어서 만들어라.

가로와 세로의 길이가 똑같도록 하라.

앞수가 덮인 것같이 지붕을 만들어라.'

이로 인해 엔키는 엔릴의 의도와 정면으로 맞서게 되었고 신들의 합의 사항을 어기면서까지 인류를 구원하려 했다. 대홍수 후 신들은 자신들이 인간에게 얼마나 애착을 가졌는지 새삼스레 알게 되었고 인간 역시 자신들과 동등하다는 것을 알게 되었다. 그 후 살아남은 인간이 번성하도록 도왔다.

너무나 분명해 여기에는 이해하기 어려운 요소가 거의 없다. 또 이 지역에 찬란하게 피어난 고대문명은 놀라울 정도다. 지금으로부터 5천년 전에 꽃피었던 이 문명은 점토판의 인쇄술과 60진법을 사용하였고 벽돌공장이 있었으며 아스팔트 도로를 건설하였다. 석유에서 페인트와 의약품 원료를 뽑아냈으며 뇌수술을 행할 정도였다.

그런데 이해하기 어려운 것은 이런 고도의 문명이 하늘에서 떨어진 것처럼 어느 한 순간에 출현했다는 점이다. 마치 꽃이 피듯이 모든 게 완성된 형태로 갑자기 등장한 이 문명의 배후에는 반인반어半人半漁의 오안네스가 있다. 베로소스라는 사람이 쐐기문자로 기록한 하늘의 신들과 오안네스라는 존재에 대한 묘사는 너무나 생생하다.

'우리나라의 첫 왕인 바빌론의 알로루스 왕 시대에 페르시아 만 지역에 이성을 갖춘 동물이 처음 나타났다. 이 동물의 온몸은 물고기 같았으며 물고기 머리 밑에 또 하나의 머리를 가졌고 지느러미 같은 아랫부분에 사람의 발 같은 발이 있었다. 그의 음성과 말 역시 명확하고 인간적이었으며 그의 모습을 본 딴 기념물이 오늘날까지 보존되어 있다.

이 존재는 한낮에 사람과 대화를 나누었지만 그 철에 난 음식을 먹지 않았다. 그는 사람들에게 문자와 학문과 모든 기술에 대한 통찰력을 습득하게 해주었다. 사람들에게 집을 짓고 사원을 세우며 법률을 정비하는 법을 가르치고 기하학의 원리를 설명했다. 또 그는 지상에 있는 모든 종자를 분별하고 식용과일을 채집하는 방법을 보여주었다.

해가 지면 이 존재는 바다 속으로 들어가 밤을 보냈다.'

신들의 흔적은 아프리카에도 있다. 북아프리카의 이집트에도 인간에게 농업과 문자, 건축, 예술을 가르치고 식인 풍습을 금지한 오시리스라는 신이 등장한다. 또한 세계의 불가사의 중에서도 으뜸가는 대피라미드가 오늘날까지 장엄하게 남아있다.

지금으로부터 4500년 전에 건설되었다고 추정되는 기자의 대피라미드는 높이가 146m, 밑변의 둘레가 921m로 2톤이 넘는 돌을 2백만 개 이상 쌓아 만들었다. 지상에서 45m 높이에 있는 왕의 방은 100여 개의 돌로 만들어졌는데 돌 하나가 50톤을 넘는 경이적인 구조이다. 42층 높이에 해당되는 지구상 최대의 석조건축인 이 피라미드는 정밀하게 만들어져 어떤 돌 이음새에는 머리카락 한 올 들어갈 틈이 없을 정도이며 중심부의 석실은 자연 통풍이 되는 정교한 구조로 설계되어 있다. 현재까지 어떤 방식으로 쌓았는지 설명이 불가능한 이 건축물은 수수께끼에 가득 차 있다.

4면이 완벽하게 동서남북을 가리키고 있으며 네 모서리는 거의 직각이고 피라미드의 정점은 정확하게 네 변의 중앙에 위치하고 있다. 까마득한 원시시대에 이 정도의 높은 정밀도를 유지하며 이와 같은 거대한 건축물을 건설하였다는 것은 완전한 미스터리인 것이다. 더욱더 이해할 수 없는 것은 세 피라미드의 배치가 1만 500년 전의 오리온자리의 세 별의 위치와 정확히 일치하며 밑변의 둘레가 높이의 2π배에 해당한다는 점이다. 또 이 피라미드는 북반구를 4만 3200분의 1로 축소한 모형이라는 것이다.

어떻게 이런 고도의 천문학적 수학적 공학적 지식이 가능했던 것인지 완전히 베일에 싸여 있다. 그들의 모든 문명이 신들로부터 물려받은 유산이라는 이집트의 전설이 해결의 실마리를 제공하고 있으며 여기에도 역시 홍수의 신화는 남아 있다.

서아프리카의 말리공화국에 사는 도곤 족의 고유 신앙은 더욱더 신비에 싸여 있다. 특이한 것은 이 조그만 부족이 그들의 원시적인 생활에 비해 전혀 어울리지 않는 환상적인 천문학 지식을 가지고 있다는 점이다. 도곤 족은 오래 전부터 모든 행성이 자신의 축을 중심으로 자전하면서 동시에 태양 주위를 공전한다는 것을 알고 있었다. 목성에 4개의 위성이 있고 토성에 고리가 있다는 것과 행성의 궤도가 원이 아니라 타원이라는 것까지도 정확히 알고 있었다.

더욱 놀라운 것은 밤하늘에 가장 밝은 별인 시리우스에 대한 그들의 전승이다. 그들은 시리우스 주위를 50년에 한 번씩 도는 포 톨로라는 어두운 반성이 있는데 이 반성은 아주 작고 대단히 무거워 지구에 없는 사갈라라는 특수한 금속으로 이루어져 있다는 것이다. 이 사갈라라는 금속은 이 세상의 모든 씨앗이나 쇳덩이를 합친 것보다 더 무겁기 때문에 결코 들어올릴 수 없다고 그들은 믿고 있다. 여기에다 현재의 천문학도 모르고 있는 엠마 야라고 부르는 제3의 별이 있다는 것까지도 알고 있다.

그들은 망원경도 없이 현재의 천문학도 밝히지 못한 것들을 어떻게 알아냈을까. 도곤 족의 이 모든 지식의 배후에는 놈모라는 신비스러운 존재가 있다. 이들 놈모가 아득한 옛날 시리우스에서 지구에 와 사람들에게 온갖 지혜와 문명을 가르쳐주었다는 그들의 신화가 해답을 제시해주고 있다.

도곤 족은 신인 암마가 회전하는 별들의 세계에 살아있는 생명체를 창조했으며 지구와 마찬가지로 다른 많은 지구에도 인간이 살고 있다고 믿고 있다. 인류의 아버지이자 문명의 창립자이면서 언젠가 사람들 앞에 재림할 것이라는 이 놈모라는 존재에 대한 묘사는 매우 사실적이다.

'방주가 착륙할 때 놈모의 음성이 흘러나오며 네 방향으로 번져갔다. 아이들이 특이한 리듬에 맞춰 돌멩이로 네 개의 큰 돌덩이를 두들기는 것 같은 소리가 울려왔다. 방주가 땅에 닿았을 때 그로부터 화염이 나오는 것 같았다. 놈모는 불처럼 붉었으며 이내 하얗게 변했다.

커다란 방주가 하늘에서 내려왔다. 그 한가운데 놈모가 서 있었다. 그가 다가왔다. 그리고 물속으로 들어갔다.'

남미의 페루와 멕시코 지역에도 전설은 널리 흩어져 있다. 페루의 나

스카 고원에는 거대한 그림들이 땅 위에 펼쳐져 있다. 황량한 불모의 대지에 예술적으로 고래, 원숭이, 벌새, 기묘한 사람의 모습과 삼각형의 도형 등이 일필휘지로 그려져 있다. 특히 사람은 머리에 빛나는 후광이 둘려져 있어 다른 별에서 온 방문자처럼 보인다.

그림의 규모가 엄청나게 커 벌새는 50m, 122m, 도마뱀은 188m, 그리고 어떤 도형은 8km나 직선으로 이어져 있다. 모든 그림은 거대한 크기이면서 동시에 섬세하고도 치밀하게 그려져 어디 하나 끊어지는 곳 없이 하나의 선으로 완벽하게 이루어져 있다. 그림은 너무 커 땅 위에서 전체가 보이지도 않을 뿐더러 이 고원 근처 어디에도 모든 그림을 내려다 볼 정도의 높은 곳은 없다. 이 그림들 역시 외계에서 온 방문자의 흔적을 역력히 보여주고 있다.

스페인들이 16세기에 페루의 잉카를 침략했을 때, 잉카문명은 대부분 파괴되고 보물은 약탈당했다. 그러나 가까스로 남겨진 잉카의 전설은 오래 전에 페루에 위대한 문명이 있었다는 것을 보여주고 있다.

이 잉카문명은 비라코차라 불리는 신비로운 존재들에 의해 세워졌으며 그들 비라코차가 나스카의 그림도 그렸다는 것이다. 보통 100톤이 나가고 큰 것은 300톤을 넘는 돌들을 이용해 거대한 성채도 건설했다는 그들에 대한 신비스러운 묘사와 이 지역에 전해오는 홍수의 전설은 구약성경과 너무나 닮아 있다.

'갑자기 남쪽에서 출현한 것은 큰 몸짓을 가진 백인이었다. 이 자는 위대한 힘을 가지고 있어서 언덕을 계곡으로 만들었고 계곡을 언덕으로 만들었다. 이 자는 좁은 땅 사이를 지나 북쪽으로 향했는데 도중에 믿을 수 없는 수많은 일을 했으며 두 번 다시 모습을 나타내지 않았다. 사람들에게 어떻게 생활해야 하는지를 보여주었고 자비와 사랑이 담긴 말을 전했으며 선행을 베풀었다.'

또 다음과 같은 신화도 있다.

'위대한 신 비라코차는 사람이 살 수 있는 세계를 만들기로 했다. 그래서 처음에 대지와 하늘을 만들었다. 다음에 그 곳에 살 사람들을 만들었다. 처음에는 모든 것이 좋았다.

최초의 고대 사람들은 죄를 범해서 창조주에게 멸망당했다. 대홍수 후 창조주는 인간의 형태로 티티카카 호수에 나타났다. 그리고 지구상에 인간을 증식시켰다.'

멕시코에도 '깃털 달린 뱀' 인 케찰코아틀의 신화가 전해오고 있다. 엄청나게 큰 피라미드 위의 피라미드가 남아 있으며 대홍수의 전설 역시 전승되고 있다. 아스텍 문명보다 훨씬 오래전에 위대한 문명이 있었으며 초자연적인 힘을 지닌 난쟁이들이 피리를 불어 피라미드를 만들었다는 전설이 전해오고 있다. 이곳 마야의 유적에는 의자에 앉아 앞쪽을 응시하며 기계장치를 조작하는 그림이 석관 뚜껑에 남아있다. 매우 사실적인 이 모습은 마치 우주선을 조종하고 있는 것처럼 보인다.

마야 키체 족의 기원과 역사를 천지창조로부터 16세기까지 기록한 '포폴 부' 라는 책에는 최초의 인간들이 가졌던 선악의 지식이라는 신비로운 것을 언급하고 있다. 이 선악의 지식은 매우 뛰어난 것이어서 이를 가진 인간은 멀리 감추어진 것을 알고 하늘의 네 모서리와 지구의 둥근 표면도 탐사하는 신과 같은 힘을 얻게 된다는 것이다. 또 이들 마야 인들은 1년을 365.2420일로 계산했는데, 이는 오늘날에 비해 0.0002일밖에 틀리지 않는 극히 정밀한 값이다. 그들은 달의 공전주기와 0의 개념도 정확하게 알고 있었다.

이외에도 하늘에서 온 존재들의 신화는 수없이 많다. 환인과 환웅의 단군신화, 제우스와 포세이돈의 그리스로마신화, 야훼와 알라의 성경과 코란, 제석천왕의 불경과 몰몬경, 그리고 히브리신화와 뉴질랜드의 마오리신화처럼 지구를 방문한 외계인들에 대한 이야기는 이루 헤아릴 수 없이 많다. 이들 신화와 전설 그리고 종교들은 뿔뿔이 흩어진 모래알이 아니라 역사를 꿰뚫는 진실의 흔적이다.

그 중에도 특히 성경은 외계인과 UFO에 대한 기록으로 가득 차 있다. 창세기 1장의 '우리가 우리의 모습대로 사람을 만들고' 라는 구절과 6장의 '땅 위에 사람이 불어나자 하나님의 아들들이 사람의 딸들을 보고 마음에 드는 대로 아리따운 여자를 골라 아내로 삼았다' 라는 구절은 신의 속성을 그대로 드러낸다. 출애굽기의 '모세가 장막에 들어서면 구름기둥이 내려와 장막 문간에 섰고 야훼께서 얼굴을 마주 대하시고 모세와 말씀을 나누셨다' 라는 구절도 신의 참모습을 적나라하게 보여주고 있다. 또 에스겔이 본 '구름 속에서 놋쇠처럼 번쩍번쩍 빛나며 바퀴 속에 바퀴가 돌아가는 물체' 란 우주선이라고 볼 수밖에 없다.

이들 신화와 고대벽화에 등장했던 하늘을 나는 물체가 바로 오늘날의 UFO이다. 신들의 불마차로, 신들의 전차와 영광으로 묘사되었던 하늘을 나는 물체가 바로 미확인비행물체이다. 1945년 이래 끊임없이 나타나고 있는 이들은 우리들의 과학기술을 가볍게 능가하는 움직임을 보여주고 있다. 현재의 우리로서는 불가능한 비행기술을 간단히 보여주는 걸 보아 이들 비행체가 외계에서 온다는 건 명백하다.

52년 여름 워싱턴 상공에 나타난 십여 대의 UFO는 비행금지구역인 국회의사당과 백악관을 안방처럼 휘젓고 돌아다니며 미전역을 발칵 뒤집어놓았다. 마치 쇼하는 것처럼 나타나고 사라지기를 반복하며 1주일 간격을 두고 출현한 UFO는 사람들에게 커다란 충격을 주었다. 이때의 UFO는 전투기가 접근하면 소멸하듯 사라지고 나타나기를 반복하였다. 또 전투기를 둘러싸기도 해 자신들의 존재를 보여주려는 듯 행동했으며 나중에는 시속 1만km가 넘는 무시무시한 속력으로 사라져버렸다. 카메라에도 찍히고 공항관제탑과 공군기지의 레이더에도 흔적을 남긴 것으로 보아 환상이나 조작은 아니었다.

57년 남태평양의 파푸아뉴기니라는 섬에 색다른 UFO 목격소동이 있었다. 6월 어느 날 어둠이 깔리는 오후, 이 섬에 근무하는 간호사는 무심코 하늘을 바라보다 원반모양의 굉장히 큰 물체를 발견하였다. 원반 중의 하나는 매우 크고 나머지 몇 대는 작았는데 큰 것은 모선 역할을 하는 것 같았다. 주민들과 가톨릭 신부도 목격한 이 이상한 물체는 빛을 발하고 있었고 금속으로 만들어진 듯했다.

원반 위에는 두꺼운 층이 얹혀 있었고 4개의 다리가 밑으로 뻗어 있었다. 원반도 승무원도 어떤 후광으로 휩싸여 있었고 위층 갑판으로부터 45도 각도로 푸른 빛을 발하고 있었다. 사람들이 손을 흔들자 그들도 답례하듯이 손을 흔들어 보였다. 이를 목격했던 사람들에 따르면 매우 평화스러워 그 어떤 공포감이나 두려움을 느낄 수 없었다고 한다.

이뿐만이 아니다. 미항공우주국의 비행사들이 달탐사 과정에서 UFO를 목격했다는 것은 이제 공공연한 비밀이 되었다. NASA 우주계획의 초기부터 달 착륙에 이르기까지 비행사들은 한결같이 괴비행물체를 보았거나 만났다는 것이다. 게다가 아폴로 11호는 비행 첫날부터 이상한 물체를 보았고 달 표면에서 거대한 물체와 조우했는데 이건 대중에게 철저히 비밀에 붙여졌다. 72년 〈사가SAGA〉지 특집 3호에 실린 다음과 같은 기사는 어느 정도의 진실을 보여주고 있다.

암스트롱과 올드린이 착륙지점을 돌아다니고 있을 때, 갑자기 암스트롱이 올드린의 팔을 잡고 외쳤다.

"어 저게 뭐지? 저거야말로 내가 알고 싶어하던 것들이다!"

두 비행사의 이상한 행동이 휴스턴의 관제센터에도 전해져 그들도 숨을 죽였다.

관제센터: "무슨 일인가? 아폴로 11호 응답하라."

아폴로: "거대한 물체들이 수없이 보인다. 아 믿을 수 없을 정도이다. 오, 맙소사! 우리 것과는 다른 커다란 우주선이 있다. 크레이터의 저쪽에 늘어서 있다. 달 표면 위에서 우리를 지켜보고 있다!"

이와 관련된 사항을 96년 NASA에서 일했던 과학자들이 밝힌 적이 있었다. 그들 과학자들은 '달에 지적 생명체에 의해 만들어진 인공구조물이 존재한다는 사실을 미정부가 지난 30여 년 동안 숨겨왔다' 고 주장하며 사진과 비디오를 공개하였다. 이들은 또 수백 미터의 돔 형태의 구조물과 수십 킬로미터의 성과 인공탑을 그 증거로 제시하였다.

인류에게 중대한 의미를 가지는 UFO에 대한 정보를 공개하지 않는 것은 대단히 우려스러운 일이다. 미국을 비롯한 강대국들은 알고 있다. 강대국의 고위책임자들은 진실을 명백히 알고 있다. 그들은 UFO가 물리적 실체라는 것도 외계에서 온다는 것도 처음부터 알고 있었다. 그럼 왜 공개하지 않느냐고. 바로 편협함 때문이다. 자신들의 기득권을 놓지 않으려는 지배욕 때문에 진실을 은폐하고 숨겨왔던 것이다. 이 땅 위의 모든 사람의 행복과 번영보다는 자신들의 권력과 부를 유지하려는 그 이기심이야말로 우리의 치명적인 약점이다.

신화와 종교 그리고 우리의 문명과 과학기술이 발전하는 모습에서 우린 하나의 결론을 얻을 수 있다. 찾아보면 볼수록 알면 알수록 점점 더 뚜렷해지는 건 외계인의 방문이다. 우리가 연구하면 할수록 우리의 부모 엘로힘의 창조와 흔적을 보게 될 뿐이다. 고도로 진보한 과학기술을 지닌 엘로힘이 모든 생명을 창조한 게 분명하다. 그렇다. 인간은 창조된 것이다. 이게 진실이다. 신도 아니고 진화도 아니다. 외계인 엘로힘이 만들고 창조한 것이다. 아니 엘로힘 말고는 달리 대안이 없다. 신은 처음부터 없었고 진화란 창조기술의 진보이기에 말이다.

우리 조상들은 벌벌 떨면서 창조자들에 대한 기록을 남겼을 것이다. 거의 무한한 능력을 지닌 창조자들에게 추상적인 의미가 첨가됨으로써 종교는 본래의 의미를 상실하고 이해하기가 너무 어렵게 되어버린 것

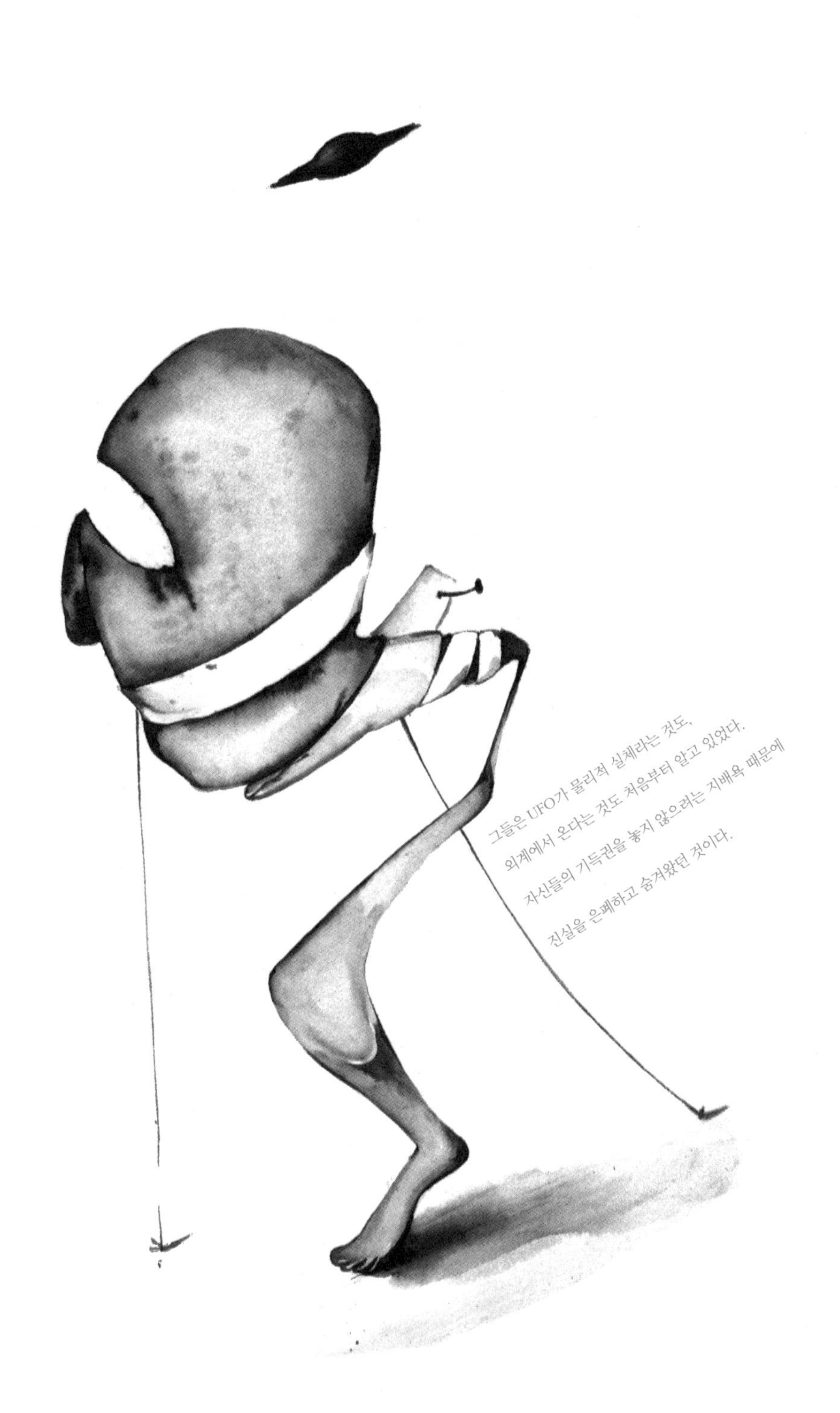
그들은 UFO가 물리적 실체라는 것도,
외계에서 온다는 것도 처음부터 알고 있었다.
자신들의 기득권을 놓지 않으려는 지배욕 때문에
진실을 은폐하고 숨겨왔던 것이다.

이다. 창조자들은 지상 곳곳에 수많은 흔적을 남겨놓아 우리가 알아볼 수 있게끔 배려하였다. 우여곡절을 겪었지만 그들은 우리를 친자식처럼 사랑하게 되었고 우리 인류를 황금시대로 이끌려고 그토록 노력했던 것이다.

여자는 소녀이자 어머니이다.

반짝이는 별이자 바닷가의 아침이다. 봄이자 들꽃이자 산들바람이다. 햇살비치는 초원이자 생명의 정원이다. 어제와 내일을 이어주는 두터운 고리이자 사랑의 실천자이다. 그들의 삶은 환희이며 자연과의 조화이다. 집안을 진동하는 향기이자 삶의 냄새이다. 그들은 일상이며 항상 현재를 산다.

여인들은 원으로 둘러싸인 향수이자 산뜻한 오솔길이다. 연인이자 옹달샘이다. 부드러움이자 수다이며 화합이자 전체이다. 사랑으로 가득한 생의 문이자 관대한 생명의 바다이다. 한 줌의 흙과 한 움큼의 거품으로 이루어진 매혹적인 반쪽이다. 불가사의한 매력과 아름다움으로 채워진 신비이다. 신비롭고 우아하나 교활하고 두려운 존재이다. 사랑을 아나 변덕스럽고 향기로우나 앙큼하다. 그네들은 근시이다. 그것도 지독한 근시이나 사랑을 알아 삶을 산다.

여자들은 기다림이자 인내이다. 그들은 수천 년 동안을 사랑만으로 살아왔다. 그들은 밤이고 낮이고 참고 견디어왔다. 남자들이 죽고 죽이는 그 순간에도 그들은 낳고 길러 생명을 이어왔다. 사랑과 슬픔에 깊이 파고들어 꿋꿋한 생명의 등불이 된 것이다. 사랑의 횃불을 밝혀온 그네들은 생명의 작은 창조자이자 천국의 백성이다. 그래 여인들의 덕은 갓 태어난 아이만하다.

남자는 아이이자 작은 보스이다. 무지개를 좇는 소년이자 길 잃은 목동이다. 그들은 언제 어디서나 하나 둘 셋 순서를 정하고 예쁜 여자 찾기에 정신이 없다. 난자를 향해 돌진하는 정자처럼 그들은 두목이 되기 위해 필사적인 사투를 벌인다. 이게 숙명이자 운명이다. 왜 두령이 되어야 하는지는 모른다. 그걸 알면 현자가 되고 성인이 된다. 열에 아홉은 우두머리가 되기 위해 죽을힘을 다하거나 여자 꼬실 생각뿐이다. 섹스에 쫓기고 환상을 좇는 이들은 자신의 흔적을 남기기 위해 몸부림치고 발버둥친다.

남자들은 깐깐한 사막이자 대양에 떠있는 작은 섬이다. 그들의 마음은 불안에 싸여 있고 고독으로 덮여 있다. 병적인 집착으로 변화에 더

디고 강박관념에 시달리는 동굴 속 나약한 지배자이다. 아들이라면 꾸벅 죽는 빗나간 모성에 잘못 길러진 시대의 희생자이다. 집단에 의해 날조된 파랑새를 쫓는 작은 압제자들이자 죽음의 불꽃놀이를 좋아하는 철부지이다. 그래 그들의 덕은 챔피언의 주먹만하다.

천재들. 현자가 이들의 이름이다. 그들은 멀리 보고 전체를 아는 사람들이다. 예민하고 사려 깊으며 광채에 싸여 자연을 읽는 사람들이다. 그들은 현상을 꿰뚫어보고 무한을 세는 사람들이다. 우주를 통찰하는 위대한 눈들이다. 인류의 뇌이자 의식이다. 대자연에서 인간의 위치를 자각한 자들이며 지구를 이끄는 선장이다. 그들은 성을 초월한 존재들이다. 그들은 비록 남녀의 모습을 하고 있지만 그들의 뇌와 정신은 여자도 남자도 아니다.

현인들은 인간이 나아갈 길을 제시했고 별들의 공간을 헤아렸으며 미적분을 창안했다. 그들은 명상하고 책을 쓴다. 사색하고 행동하며 빛과 소리로 삼라만상을 노래한다. 그들은 수레를 만들고 자동차를 만들고 원자의 비밀을 파헤쳤다. 그들에 의해 우리의 삶은 원시에서 현재가 되었고 그들의 그림과 음악에 의해 풍부하게 되었다. 그들은 강철 같은 의지를 가진 위대한 정신들이자 빛나는 눈동자이다. 인간이 가진 가장 값진 보물이자 찬란한 예술품이다. 그들은 땅을 뒤엎고 하늘을 가른다. 그래 현자들의 덕은 지구를 덮고 별들을 가로지른다.

악인들은 잔인하고 냉혹하다. 타고난 결함에다 환경이 어우러져 정신적으로 균형이 파괴된 자들이다. 마비된 인간이며 느낄 줄 모르는 자들이다. 악마가 이들이고 괴물이 있다면 이자들이 괴물이다. 걸리적거린다면 친구도 죽일 인간이고 방해가 된다면 자식까지도 살해하는 잔혹한 자들이다. 눈 하나 깜짝 않고 다른 사람의 팔다리를 잘라내고 심장을 도려내는 사악한 악마들이다.

이 잔인무도한 자들은 공포와 탐욕 앞에 무기력한 인간의 본성을 간파하는 데 능하고 강자 앞에 나약한 대중을 조종하는 데 능숙하다. 지역이 다르다고 조상이 다르다고 생활방식이 다르다고 피부색깔이 다르다고 우리와 그들을 나누어 짓밟는다. 공포와 협박으로써 교묘히 권력숭배를 만들어 놓고 타인을 지배하는 것을 자랑스러워한다. 총칼로 민중을 탄압해 한없는 호사를 누리고 대중을 헐벗고 굶주리게 한다. 국가를 수호한다는 명분 아래 그들은 온갖 명예와 부귀를 누리며 같은 동료인 인간을 억압하고 살해해왔다. 그래 악인들의 죄는 들판을 피로 물들이고 골짜기를 시체로 메운다.

사악함은 악인들만의 문제는 아니다. 보통 사람들, 지극히 정상적인 사람들 역시 반을 넘는 잠재적인 악마성을 지니고 있다. 평소에는 법의 강제력과 타인의 시선에 의해 억제되고 있을 뿐인 인간들. 명분과 상황만 주어진다면 곧바로 악마로 돌변할 가능성을 지닌 사람들이 반을 넘어 7할과 8할에 이른다는 사실이 인간이라는 종의 생존을 위협하는 최대의 적이 되는 것이다.

적은 외부가 아닌 내부 바로 우리 자신에게 있었던 것이다. 그러기에 상상조차 할 수 없는 끔찍하고 극악무도한 범죄가 신의 이름으로 정의의 이름으로 평화의 이름으로 끝없이 저질러질 수 있었던 것이다. 한 평의 안방과 조그마한 교실에서부터 인종대청소와 아우슈비츠에 이르기까지 잔혹한 범죄가 수도 없이 반복되고 되풀이되었던 것이다.

사악한 악인들과 여기에 휩쓸린 작은 악마들은 천재들이 선의로 만든 온갖 발명품을 가지고 무기를 만들어 죽이는 데 사용하였다. 이들은 수레와 화약과 내연기관과 비행기를 가지고 전차와 폭탄과 탱크와 전투기를 만들었으며 현자들이 파헤친 원자의 비밀을 가지고 핵무기를 제조하였다. 마침내 1945년 8월 6일 히로시마에 원자폭탄이 투하됨으로써 우린 인류의 멸망이라는 최대의 위험에 직면하게 되었다.

원폭 투하 당시 13세의 견습점원으로 폭발지점에서 1400m 떨어진 곳에서 피폭되었된 어느 소년은 처참한 상황을 다음과 같이 말했다. 이 소년은 부모와 할머니 그리고 동생을 모두 잃었다.

'그 날 나는 몸이 약간 좋지 않아서 집에 그냥 있었습니다. 공습경보가 울렸지만 곧 해제되었습니다. 그래서 안심하고 동생과 같이 이불에 누워 있었습니다. 그때 그 일이 일어났습니다. 정말로 갑작스러운 것이었습니다. 전기스파크가 일어날 때처럼 파란 불꽃같은 빛을 느꼈습니다. 소음이 들리고 굉장한 열이 발생했습니다. 방안에 있었는데 정신을 차리고 보니 무너진 집에 내가 깔려 있었습니다.

그때는 원자폭탄을 몰랐기 때문에 어떤 폭탄이 직접 내 머리 위에 떨어졌다고 생각했습니다. 그리고 우리집이 직격되었다고 느꼈으므로 나는 광란에 가까운 상태로 되었습니다. 온통 새까만 기와와 흙벽이 나를 완전히 뒤덮었습니다. 나는 도와 달라고 부르짖었습니다. 그러자 근처에서 신음소리와 절규가 들려왔습니다. 그 소리를 듣고 나에게도 위험이 임박해 있음을 느꼈습니다.

저 사람들과 같이 나도 곧 죽을 것이라고 생각했습니다. 혼자 힘으로는 도저히 어떻게 할 수 없어서 그렇게 느꼈다고 생각했습니다. 내가 어디에 있고 무엇에 깔려 있는지를 몰랐습니다. 가족들의 소리는 전혀 들리지 않았습니다. 나에게 무슨 일이 일어났는지도 분명히 모르는 채로 질식해서 죽어가고 있다고 느꼈습니다.

내가 집을 나왔던 8월 14일에 할머니는 어린 동생을 보살펴 주고 계셨는데 15일 날 집에 돌아와 보니 할머니의 몸에 여기저기 반점이 생겨 있었습니다. 할머니는 그로부터 2,3일 후에 돌아가셨습니다. 동생은 그때 태어난 지 5개월밖에 안 되었지만, 모유가 없었기 때문에 아주 묽은 죽을 먹이고 있었습니다.

그러나 10월 10일 경이 되자 동생은 갑자기 상태가 몹시 나빠졌습니다. 그 다음 날에는 다소 좋아졌고, 그래서 살아남을 수 있을 것이라고 생각했죠. 나는 매우 기뻤습니다. 동생은 나에게 남은 단 하나의 혈육이었기 때문입니다. 그러나 의사에게 데리고 가던 도중에 동생은 숨을 거두고 말았습니다. 이때서야 처음으로 동생의 엉덩이에 커다란 출혈반이 두 개 있는 것을 알게 되었습니다…….

나는 히로시마 사람들은 모두 3년 이내에 죽게 된다는 소문을 들었습니다. 그래서 나 자신도 조만간 죽게 되리라 생각했습니다. 갑자기 무기력해지고 허전함이 치밀어 올랐습니다. 희망이라고는 전혀 없었습니다. 많은 사람들이 눈썹과 머리털이 빠지고 잇몸에서 피가 나는 것을 보아왔기 때문에 나는 몹시 신경질적으로 되어 소문을 들을 때마다 머리카락을 비벼대었습니다. 이 허전함과 공포심은 오랫동안 계속해서 남아 있었습니다.'

또한 그 당시 폭심지로부터 5km 떨어진 시의 변두리에서 피폭된 어느 중년교사는 다음과 같이 회상했다.

'나는 히지산에 올라가 시내를 내려다보았습니다. 거기에 히로시마는 없었습니다. 그 광경에 오싹 소름이 끼쳤습니다. 그때 받은 충격은 계속되고 있지만 말로는 도저히 표현할 수 없었습니다. 물론 그 후에도 참혹한 광경을 많이 보았지만 산에서 내려다볼 때, 히로시마가 아무런 흔적도 없이 졸지에 사라져 버렸던 그 경험은 엄청난 충격이었습니다…….

나는 나의 가족을 찾아 헤매었습니다. 그리고 곧 냉담한 사람이 되어 버렸습니다. 그렇지 않으면 거리를 걸어다닐 수 없었기 때문이었습니다. 항상 시체를 넘어다녔습니다. 마음속에 지울 수 없을 만큼 선명하게 새겨진 것은 사람들 눈의 표정이었습니다.

사람들의 몸은 심한 상처로 까맣게 변색되어 있었고 내가 그들보다 건강하다는 것을 알고 있었습니다. 나는 가족을 찾고 있었기 때문에 내 주위의 한 사람 한 사람을 눈여겨보고 내 가족인지 아닌지를 확인해야만 했습니다.

그러나 사람들의 눈은 공허하고 무기력했습니다. 나는 이것을 평생 동안 잊을 수 없습니다. 그들의 눈에는 낙담의 빛이 역력했습니다. 필사적으로 애원하는 눈빛으로 나를 쳐다보고 있었습니다. 똑바로 나를 쳐다보고 있었습니다.'

그리고 2500m 지점에서 피폭된 어느 젊은 대학교수는 이러한 비참한 운명과 전율할 비현실성으로 인해 받은 느낌을 지옥의 이미지라 단적으로 표현하였다.

'눈에 보이는 모든 것에서 강렬한 인상을 받았습니다. 화장하기로 결정된 시체를 쌓아둔 가까운 공원, 아주 심한 부상을 입고 저희 집 방향으로 피난해오는 사람들…….

그 가운데에서도 가장 인상 깊이 남아 있는 것은 소녀들이었습니다. 특히 어린 소녀들이었습니다. 그 소녀들의 옷은 뜯어지고 찢어져 다 헤어져 있을 뿐만 아니라, 피부마저도 벗겨져 있었습니다.

그때까지 생각해왔던 지옥이라는 것이 이러한 모습이구나 하고 직감했습니다. 이 같은 광경에 견줄만한 그 어떤 것도 미처 본 적은 없었지만, 지옥이라는 것이 존재한다면 나는 이 광경이 바로 지옥일 것이라고 생각했습니다.'

여기 어디에 전쟁의 영광이 있고 승리자의 기쁨이 있는가. 이보다 더 생생하고 참혹한 지옥이 어디에 있는가. 비통한 울부짖음과 고통에 찬 신음소리만이 폐허 위를 가득 메우고 있는 것이다. 우리는 무엇을 위해 같은 인간을 이토록 무참히 살육해야만 하는가.

국가와 민족을 위해서라고. 국가나 민족이나 다 사람들의 집합에 지나지 않는다. 어떤 명분하에 '그들'을 살해할 수 있는 자는 또 다른 이유로 '우리'를 죽일 수 있는 것이다. 평화를 위해서라고. 평화를 위한다면 그냥 무기를 내려놓으면 될 일 아닌가. 진리를 위해서라고. 아 그 잘난 진리와 법칙이라고. 인류와 사회발전을 위한 법칙이라고. 그럼 좋다. 그놈의 진리가 얼마나 가치가 있는 건지 어디 한번 따져보자.

진리는 묶음이자 공통점이다.

진리란 한 다발의 꽃이자 한 묶음의 끈이다. 보편적 진리란 여기저기 다 적용되는 끈이요, 특수한 법칙이란 몇몇의 현상을 묶는 끈이다. 따라서 진리는 진리를 설명할 수 없고 법칙은 법칙이 성립하는 이유를 댈 수 없다. 현재까지 인류가 각고의 노력 끝에 알아낸 것 중에 가장 확실한 것으로 에너지보존법칙을 들 수 있다. 나머지 것들은 전부 일시적이고 잠정적인 것에 불과하니 두말할 필요가 없다. 고립된 계에서 반응 전후의 에너지가 일정하다는 게 이 법칙의 핵심이다.

그런데 이건 동어반복이다. 다시 말해 이건 반응 전에도 뭔가가 있고 반응 후에도 뭔가가 있다는 말이다. 즉 있는 것이 있다는 말의 다른 표현에 지나지 않는다. 있는 것은 있는 것이고 없는 것은 없는 것일 터이니 지극히 당연한 말을 되풀이하고 있는 것에 불과한 것이다. 결국 우린 순수하게 이해의 한계에 봉착하게 된다.

법칙뿐만이 아니다.

언어로 표현되는 모든 명제 역시 마찬가지이다. 우리는 하늘을 정확히 가리킬 수 없다. 하늘을 지적할 때, 손가락을 펴는 것을 말하는 건지 눈을 크게 뜨는 것을 말하는 건지 성대에서 울리는 것을 말하는 건지 땅을 밟고 서 있는 것을 말하는 건지 붉은 옷을 입고 있는 것을 말하는 건지 우리 머리 위에 있는 푸르스름한 공간을 말하는 건지 우린 명확히 지적할 수 없다. 막대기를 두들기며 아무리 소리쳐도 손가락을 펴서 핏대를 올리며 수십 번 강조해도 우린 결코 하늘을 확고히 가리킬 수 없다. 모호한 느낌이 전부이다. 흐릿한 어떤 느낌이 전해지는 게 다일 뿐이다. 그 느낌은 공통점에 바탕을 둔 어떤 차이를 지적하는 것이며 언어란 이 느낌의 차이를 표현하는 수단에 불과한 것이다. 미묘한 느낌의 차이를 하늘이라고 옷이라고 꽃이라고 하고 있는 것이다. 이처럼 우리의 언어란 모호하고 불확실한 느낌의 건축물에 다름아니다. 우린 단순한 돌멩이 하나도 분필 하나도 제대로 지적할 수가 없다. 우린 우리가 안다는 것을 확실히 표현할 수도 없고 설명할 수도 없다. 안다는 것은 흐릿한 어떤 느낌에 불과한 것이다. 이렇게 우리의 기반은 허약하기 그지없다.

우리가 어떤 하나의 대상을 딱 집어내 말할 수 있다면 우린 확실한 세계를 구성할 수 있다. 예를 들어 하나의 바위를 명백히 가리킬 수 있다면 이 바위를 가지고 그 다음 대상을 정할 수 있고 또 그 다음 대상…….이렇게 해서 애매함을 제거한 명확한 세상을 구축할 수 있다. 그런데 이게 불가능한 것이다. 우린 결코 하나의 집이나 하나의 바위나 하나의 원자를 분명하게 지적할 수 없다. 우린 '이것'을 제대로 가리킬 수도 없고 '안다는 것'을 설명할 수도 없고 '참과 거짓'을 논증할 수도 없다. 꽃 하나도 사과 하나도 돌 하나도 올곧게 지적할 수도 없고 가리킬 수도 없는데 무엇을 설명하고 무얼 증명한단 말인가. 우리의 능력이 부족해서도 아니고 과학기술이 발달하지 못해서도 아니다.

근원적으로 불가능하고 원천적으로 안 되는 것이다. 그 무슨 수를 써도 모든 방법을 다 동원해도 어쩔 도리가 없는 것이다. 그래 우리의 삶은 모호함과 불확실의 덩어리이다. 우리네 인생은 허공에 떠있는 구름과 같다. 언어란 수많은 뇌와 뇌 사이에서 어떤 느낌들이 전달되고 있는 것이 전부인 것이다. 이 느낌은 두뇌의 기억에 바탕을 두며 기억양이 적으면 이게 안 되는 것이다. 결국 언어란 두뇌의 기억용량에 귀결되며 개나 새가 인간처럼 복잡한 언어를 사용하지 못하는 건 기억양의 차이에 지나지 않는 것이다.

언어로 이루어진 그 어떤 법칙이나 진리도 불확실한 느낌의 덩어리에 지나지 않는다. 그것도 단지 어떤 느낌들에 불과한 것이다. 따라서 법칙은 법칙이 아니고 진리는 진리가 아니다. 현상에는 특별한 모습이 없고 자연에는 고정된 실체가 없다. 이처럼 하찮은 진리를 위해 인간을 고통에 몰아넣고 죽인다는 이것보다 더 어리석은 일이 세상에 어디 있겠는가.

우리의 존재 역시 언어처럼 흐릿하다. 인간이 고상한 존재라고 해서 고상해진다면 얼마나 좋을까. 존엄하다고 해서 존엄해진다면 정말 얼마나 좋을까. 인간이 고귀한 존재라는 것은 의미를 부여한 것에 불과하다. 의미를 부여했다는 것은 요청한 것에 지나지 않는다. 요청했다는 건 증명할 수는 없지만 존귀하다고 그렇게 생각하잔 말일 뿐이다. 우린 어떤 노력을 기울이더라도 우리 자신의 가치를 결코 입증할 수 없다. 그래도 마음이 있다고. 인간에게 고상한 마음이 있어 가치를 지닌다고. 그랬으면 오죽 좋으련만. 우리 인간에게 마음이 있어 가치와 영혼을 뒷받침할 수만 있다면 세상에 이런 경사가 어디 있겠는가.

마음은 움직임이다.

마음이란 신경세포의 움직임이자 떨림이다. 뇌 속의 신경세포들은 나뭇가지 같은 돌기를 뻗어 이웃세포와 그물망 같은 구조를 이루고 있다. 그 속에서 일어나는 흔들림이 바로 마음이다. 뇌세포의 돌기 속에서 스파크처럼 일어났다 사라지는 것이 마음의 본모습이다. 실체는 없다. 움직임이 없고 변화가 없다면 의식도 없고 마음도 없다. 한시도 가만있지 않고 출렁대는 그물망이다. 끝없이 흔들리는 환영 속에서 아지랑이처럼 피어오르는 것이 바로 마음이다. 확실하게 붙잡을 수 있는 건 아무것도 없다. 고정되고 확실한 어떤 실체가 있어 그 실체가 변화하면서 생기는 게 아니다. 움직임이 전부이고 움직임만이 있는 것이다. 오로지 움직임이다. 그 움직임과 무수한 변화 속에서 착각처럼 망상처럼 마음은 피어난다. 변화 자체가 마음이자 의식의 본질인 것이다. 그래 우리의 마음은 잠시도 가만있질 못하고 떠도는 것이다. 그 변화하는 과정들 속에서 우리가 의식이라고 하는 그림자가 언뜻언뜻 스치는 것이다. 한 순간이라도 고정되거나 머물면 그건 이미 마음도 아니고 의식도 아니다. 그건 바로 죽은 것이다.

따라서 우린 자신이라고 내세울 만한 확실한 그 무엇도 없다. 나도 없고 너도 없다. 우린 너나 할 것 없이 환영이요, 아지랑이요, 뜬구름이다. 이처럼 움직임이 우리의 본질인데 어느 한 곳에 머무르려고 하는 것이 집착이며 이 집착 때문에 고통이 생기는 것이다. 인간이란 모호함의 덩어리이며 삶이란 흐릿함의 연속인 것이다. 결국 우린 확실한 것을 가지고 있지 못하다. 우리자신을 내세우면서 다른 인간을 해칠 그 어떤 근거가 없는 것이다.

진리란 반복되는 말에 불과하며 언어란 모호한 느낌이며 마음이란 환영이다. 이런 의미 없는 것을 위해 같은 인간을 살해한다는 것만큼 어리석은 일이 어디에 있겠는가. 이 세상 그 무엇도 인간을 고통에 몰아넣으면서까지 추구할 만한 게 없다. 이게 깨달음이라면 깨달음이고 자각이라면 자각이다. 깨달음이란 대단한 것도 아니고 어려운 것도 아니다.

바로 이것이다.

이것이 자각이고 이것이 깨달음이다. 다른 인간을 죽이면서까지 이루어야 할 것은 세상천지 그 어디에도 없다는 바로 이것인 것이다. 우리가 타인을 나와 같은 인간으로 느끼는 게 언제인가. 가슴을 맞대고 심장의 고동소리를 느낄 때가 아닌가. 타인이란 나와 같이 기쁨과 고통을 느끼고 나와 비슷하게 생각하는 존재 또 다른 나가 아닌가. 우리가 좀 더 대화가 많아지고 육체적 접촉이 빈번해진다면 사랑이 부족해 생기는 병든 인간도 감소할 것이다. 여기에 우리가 관능을 긍정하고 기쁨을 장려하는 이유가 있다.

최초의 원자폭탄이 히로시마 상공에서 폭발한 후, 인구의 절반이상이 죽어갔으며 시내의 건물 대부분이 파괴되었다. 피폭자들은 화상과 방사능에 의한 백혈병 등으로 극심한 고통을 겪어야 했고 생존자들은 끊임없이 질병과 죽음에 대한 공포로 떨어야했다. 히로시마와 나가사키는 과학의 악용이 명백히 지옥임을 보여주었다.

2차 세계대전은 세계적으로 5천만 명의 생명을 앗아갔고 도시를 폐허화했으며 수억의 가족에게 슬픔을 남겼다. 세계는 전쟁의 참화를 회복하느라 막대한 비용을 지불해야만 했다. 그 뒤 무제한적인 군비확장의 결과 지구를 수십 번 불바다를 만들고도 남을 핵무기의 제조로 인류 전체의 멸망을 초래할 대위기가 발생한 것이다.

오늘날의 핵무기는 히로시마에 투하된 원폭에 비해 그 파괴력과 성능이 수십 배 수백 배 이상이다. 현재의 보통 핵탄두는 1메가톤인데 이는 히로시마 원폭에 비해 80배라는 어마어마한 파괴력이다. 80년대 중반 미국과 러시아를 포함한 핵강국의 핵무기 총 보유량은 2만 메가톤인데 이는 히로시마에 투하된 원폭의 100만개 분에 해당한다. 이것을 고성능 TNT화약으로 바꾸면 200억 톤이라는 엄청난 양이며 이는 지구인 1인당 3톤씩을 안겨줄 수 있는 양이다.

거기다가 핵분열과 핵융합을 이용한 수소폭탄, 살아있는 생명체 잘 죽이는 중성자탄 등 더욱더 파괴적이고 가공할 무기로 격납고는 가득하다. 이 열핵폭탄이라 불리는 수소폭탄 한 방이 지금까지 인류가 치른 모든 전쟁에서 사용한 폭발물의 몇 배라는 사실을 우리는 깊이 숙고할 필요가 있다. 81년 한 해에만 군비에 5천억 달러 이상이 투입되었으며 80년대 중반에는 1년에 9천억 달러 이상이 소모되었다.

이 군비에 들어간 인력과 돈을 복지에 써보라. 서로 죽이고 방어하는데 들어간 모든 노력을 공장과 환경 그리고 교육에 투자해보라. 단시일 내에 눈에 보이는 성과를 올렸을 테고 10년이 채 못 되어 대부분의 공장을 자동화할 수 있었을 것이다. 세계 군비의 5시간 액인 3억 달러로 천연두를 근절하였고 청결한 물이 없어서 대부분의 질병이 발생되는 낙후된 지역에 3주간 금액으로 위생적인 급수시설을 제공할 수 있다는 것이다. 이건 우리가 서로 사랑하고 단결했더라면 진작에 이 지상을 낙원으로 만들 수 있었음을 보여주고 있는 예일 뿐이다.

평화를 위해서라고.

이것이 다 민족과 국가를 위해서라고. 그럼 핵무기를 저장해놓은 뒤로 우리의 안전은 더 확실해졌는가. 아니면 불안감만 증대되었는가. 군비확장은 일시적인 심리적 위안을 가져올 수는 있지만 기본적이고 항구적인 평화를 가져오지 못한다. 오히려 사소한 이해관계로 빚어진 국지전이 전세계의 멸망을 초래할 대규모의 보복핵전쟁으로 비화될 위험만 증가시키는 것이다. 산더미처럼 쌓아놓은 폭탄 옆에서 아이들이 불장난하면 어떻게 되는가. 터지기밖에 더 하겠는가. 마찬가지이다. 군비경쟁은 우리의 안전을 보장하는 게 아니라 언제 방아쇠가 당겨질지 모르는 위기감만 증폭시킬 뿐이다.

전쟁은 원래부터 있어왔고 인간은 가끔씩 전쟁을 하게 되어 있다고. 타고날 때부터 몸이 근질거려 뭔가 때려 부수지 않으면 안 되는 사람이 많아 간혹가다 전쟁이 있어야만 한다고. 그런 걱정이랑 붙들어 매라. 몸이 간질거리는 사람을 위해 아마존의 득실거리는 악어 떼가 있고 밀림의 호랑이와 사자가 있지 않은가. 그뿐만이 아니다. 뼈가 부러지고

으스러지는 급류타기와 자동차 경주가 있다. 이것 말고도 본인 좋고 구경하는 사람 좋은 거 얼마든지 만들어 낼 수 있다. 우린 얼마든지 위험한 스포츠나 격렬한 게임을 통해 폭력성을 제어하고 즐길 수 있는 것이다. 그리고 이게 문명 아닌가.

지구상의 생명이 지금처럼 위험에 처했던 적은 일찍이 없었다. 자연의 공포나 전염병이나 맹수의 위험에서 벗어난 지금 인간의 최대의 적은 아이러니하게도 바로 우리 자신이 되었다. 우리가 지금 당면하고 있는 문제는 우리 조상들이 마주했던 게 아니라 전혀 새로운 것이다. 즉 미증유의 상황에 우린 직면하고 있는 것이다.

옛날에야 어느 부족이나 한 민족이 사라지는 경우는 있었지만 지구상의 모든 인류가 멸절의 기로에 섰던 적은 결코 없었기에 말이다. 이게 바로 우리가 과거를 비추어 오늘을 생각할 수 없는 이유다. 다시 말해 우리는 사고의 방향전환을 해야만 한다. 그것도 날카로운 전환이다. 우리가 핵을 가지고 있는 상황에서도 평화를 우리의 유일한 대안으로 하지 않는다면 남은 건 파멸뿐이다. 우리에게는 선택의 여지가 없다. 우리가 우리 자신의 폭력성을 제어하지 못한다면 남은 건 대파국밖에 없다.

우린 실험을 했다. 부족사회도 절대왕조도 독재도 민주주의도 자본주의도 공산주의도 다 실험인 것이다. 우린 피로 물들인 거대한 실험을 해온 것이다.

얼마나 많은 사람들이 이게 삶은 아니라며 한을 안고 살았던가. 얼마나 많은 사람들이 눈물과 한숨으로 삶을 지새워야 했던가. 얼마나 많은 사람들이 노예처럼 일해야 했던가. 얼마나 많은 사람들이 굶어죽었고 질병에 사라졌던가. 얼마나 많은 사람들이 자유와 정의를 위해 피를 흘리며 죽어갔던가. 우리가 조금이나마 누리고 있는 혜택은 선조들의 희생과 피로써 쌓아올려진 게 아닌가.

우린 결실을 맺어야 한다. 우린 최후의 관문을 통과해 황금시대에 들어가야 한다. 모든 인간이 인간답게 사는 세상을 만들어야 한다. 이것이 이 시대를 사는 사람들의 의무이자 책임이다. 우린 태어나야 한다. 뱃속의 아이가 태어나는 것처럼 말이다. 아이가 태어나지 못하면 죽음밖에 없는 것처럼 우리가 황금시대를 실현시키지 못하면 남은 건 절멸뿐이다. 이게 우리의 운명이다. 우리에겐 선택의 여지가 없다.

우리가 폭력성을 극복하는 길은 사랑이 아니다. 나를 사랑하고 내 나라를 위해 너를 억누르고 타국을 짓밟지 않았던가. 내 사상 내 종교를 위해 이교도를 말살하고 박해하지 않았던가. 우리가 야만성을 벗어나는 길은 사랑이 아니다. 그건 사랑이 아니라 무한이며 아집이 아니라 통찰이다. 바로 우주의 무한성에 눈뜨는 것이다. 이것 말고는 달리 길이 없다. 눈을 들어 푸른 하늘을 보고 빛나는 별을 쳐다보라. 이 광막한 우주를 헤집고 돌아다니는 지구라는 조그만 공에 올라탄 우린 어떤 존재인가. 너나 가릴 것 없이 생판 모르는 곳에 내던져진 나그네이자 이방인 아닌가.

우린 무엇인가. 그리고 왜 여기에 존재하는가. 이 무한 속에 던져진 우린 대체 누구인가. 태어났을 때, 주위의 모든 것이 얼마나 낯설었던가. 이 어설프고 삭막한 것들에서 나와 비슷하게 생기고 반응하는 물체인 인간이 얼마나 정답게 다가왔던가. 이 지구상에 아무도 없이 혼자 달랑 있다고 상상해보라. 오로지 외톨이라고 했는데 다른 인간이 눈에 뜨였다고 하자. 그럼 때려죽이고 싶고 총으로 쏴 죽이고 싶겠는가. 아니면 얼싸안고 춤이라도 추겠는가.

이것인 것이다.

존재의 벽 앞에 섰을 때 인간의 모습이란 바로 이것인 것이다. 현상의 심연을 응시하고 무한을 들여다보라. 무엇이 보이고 무엇이 남는가. 인간인 우리에게 남는 건 우리 인간밖에 없는 것이다.

현상은 평등하고 우주는 무한하다. 무한이라는 건 일체의 의미를 벗어난 것이며 어떤 가치도 설정할 수 없는 것이다. 무한 앞에선 무한도 절로 고개를 떨군다. 평등하다는 건 실체가 없다는 말이다. 실체가 없다는 건 가장 작은 것도 가장 큰 것도 없다는 말이다. 작은 것도 없고 큰 것도 없다는 건 무한하다는 말이다. 가장 작은 것과 가장 큰 것이 있게 되면 그건 무한일 수 없다. 가장 큰 것이 있으면 그건 바로 유한이요, 가장 작은 무엇이 있으면 그것도 역시 유한이다. 가장 작은 그 무엇을 아무리 더해도 셀 수 있어 무한이 될 수 없기에 말이다. 그래 우주가 무한하다면 위로나 아래로나 옆으로나 끝없이 펼쳐져야 한다. 이게 무한의 속성이자 본질이다. 무한이란 말 그대로 어디로나 열려 있고 경계가 없어야 무한이 될 수 있는 것이다. 좁쌀 한 톨에 온 우주가 담겨 있어야 온전한 무한이 될 수 있다. 그러기에 모든 게 무한이고 또 무한이다. 곳곳이 무한이고 처처가 무한이다. 앞도 무한, 뒤도 무한, 위도 무한 아래도 무한. 무한 아닌 게 없다. 꽃도 무한이고 돌도 무한이고 흐르는 물도 무한이고 웃음소리도 무한이고 섬광도 무한이고 티끌도 무한이다. 빛에도 들어 있고 암흑에도 들어 있고 찰나에도 들어 있고 영원에도 무한은 들어 있다. 심지어 유한 속에도 무한이 살고 있다. 사방천지가 무한이다. 온통 무한이다. 그래 우리의 삶은 허망하고 가치가 없다. 어떤 의미도 어떤 가치도 설정할 수 없기에 말이다. 하지만 무한이 모든 곳에 있기에 동시에 어디에도 없다. 모든 곳에 있는 건 어디에도 없기에 말이다. 그래 우리가 있는 이곳이 유일하며 전부인 것이다. 여기에서 우리의 삶이 의미와 가치를 갖는다. 이 존재의 이중성에 의해 말이다. 이 자연의 양면성에 의해 우린 무너진 폐허에서 걸어 나와 살아갈 수 있다. 그러기에 우리의 삶은 허망하면서도 고귀한 것이 된다.

아무것도 아니면서도 그 무엇과도 바뀔 수 없는 소중한 것이 되는 것이다. 이게 바로 동양의 선사들이 말하려고 그토록 노력했던 그것이다.

우리는 멸망할 수 없다. 다수가 사고로 죽을 수 있고 한두 민족이 재난에 의해 사라질 수는 있다. 이는 고통스럽지만 수용할 수 있는 것이다. 하지만 어떤 경우에도 받아들일 수 없는 건 우리 전체의 멸망이다. 이는 어떤 경우라도 수용할 수 없다. 우린 이어져야 한다. 별에서 온 생명의 횃불은 다른 별에서 타올라야 한다. 인간이라는 황금고리는 또 다른 행성에 이어져야 한다. 이게 우리들의 의무이자 책임이다.

이것을 가능하게 하는 것이 뇌이다. 바로 이것이 우주에서 가장 복잡하고 정교하다는 두뇌의 신비이다. 우리가 가진 보물은 다름 아닌 우리의 뇌였던 것이다. 우리의 재능이란 뇌의 가능성인 것이다. 거의 무한한 능력을 가진 뇌. 이것이 우리가 가진 최대의 보물이다. 무지개도 아니고 파랑새도 아니다. 마법사의 돌도 아니고 절대반지도 아니다. 우리가 아침마다 보고 우리 코앞에 있었던 물컹한 덩어리인 뇌인 것이다. 이 회색의 뇌가 전부이다. 뇌야말로 인간을 인간답게 하는 것이다. 삶이란 곧 뇌의 반응이며 이 수많은 뇌가 연결되어 반응하는 것이 사회인 것이다. 뇌 중의 뇌, 인간들 중의 인간 그들이 바로 현인이자 천재이다. 현인이란 뇌의 정화이자 인간의 꽃이다. 찬란한 꽃이자 빛나는 정신이다.

인간이 뇌가 있어 뭇짐승과 다르게 되듯이 현자가 있어 인간이 인간답게 되는 것이다. 인간의 두뇌에 해당하는 천재. 그들의 말에 귀 기울이고 그들의 충고에 따라야 한다. 아니 그들에게 결정권을 줘야 한다. 그들에게 권력을 맡겨야 한다. 우리의 신체에서 두뇌가 결정하는 것처럼 말이다. 우리가 서로에게 애교를 떨면 사랑을 얻을 수는 있다. 하지만 우리가 자연에게 교태를 부리고 아부한다고 우리의 행복을 보장받는 건 아니다. 하늘을 향해 빌고 제물을 바친다고 우리의 안전을 담보받는 게 아닌 것처럼 말이다. 여기에 천재들이 중요한 것이다.

빛나는 정신의 사람들.

칼날 같은 지성과 불굴의 용기를 지닌 사람들만이 이 어려운 일을 해낼 수 있는 것이다. 오로지 현자만이, 천재만이 무엇보다 힘든 이 일을 해낼 수 있는 것이다. 그들이 대립각을 세워 토론하고 격렬히 논쟁함으로써 우리에게 다가오는 모든 문제와 위험이 검토되고 걸러지는 것이다. 그들이 더듬이처럼 탐조등처럼 등대처럼 닥쳐올 위험을 방지하고 인류의 안전과 행복을 책임지는 것이다.

우린 선택의 기로에 섰다.

길은 두 개이다. 하나는 과학의 선용이 가져올 우리가 그토록 갈망해왔던 유토피아이다. 다른 하나는 과학지식의 악용이 불러올 대파괴이다. 우리가 서로에 대한 공격성을 줄이고 현인들이 통치하도록 허용한다면 이상세계인 황금시대는 실현될 것이고 폭력성을 극복하지 못한다면 남은 건 파멸뿐이다. 우린 천국을 만들 수도 있고 지옥을 만들 수도 있다.

여기에 1975년에 창설된 국제라엘리안운동협회가 중대한 전환을 가져올 것이다. 빛을 나르고 있는 이 단체는 인류역사에 결정적인 변화를 가져오게 될 것이다. 라엘리안들과 이를 지지하는 정부에 의해 엘로힘대사관은 가까운 장래에 건설될 것이다. 대사관은 몇몇 곳이 경쟁하게 될 것이다. 최종적으로 평화를 사랑하고 뛰어난 정신성을 지녀온 민족에 의해 완성될 것이다. 대사관이 건설되면 우리들의 창조자 엘로힘은 공개적으로 돌아올 것이다. 이건 인류역사에 두 번 다시없는 감격적이고도 위대한 순간이 될 것이다. 지구는 대통일을 이루고 세계정부가 구성될 것이며 현자들에 의해 지상의 모든 문제가 공평하게 처리될 것이다.

창조자들은 지식을 단계적으로 전수하고 우리가 지식을 선용하는 것을 확인한 다음 2만 5천년 앞선 과학지식 전부를 유산으로 물려줄 것이다. 우리의 큰 부모인 엘로힘은 그들의 방대한 지식으로부터 우리에게 무한한 혜택을 베풀어줄 것이다. 이로써 우리는 별들을 가로지르는 은하문명시대에 돌입하게 될 것이다. 이것은 꿈이나 환상이 아니라 우리가 우리의 창조자를 존경하고 평화와 우애를 유일한 목적으로 한다면 분명히 일어날 일이다. 그리고 이제까지 걸어왔던 길은 새가 알을 깨고 나오는 시기에 해당할 뿐이며 부화한 새가 드넓은 창공을 나는 것처럼 우리 앞에는 찬란한 미래가 끝없이 펼쳐질 것이다.

그들 창조자들은 지금 기다리고 있다. 우리들의 창조자가 지구를 방문할지 안 할지는 우리에게 달려 있다. 우리들이 환영하면 그들은 오겠지만 그렇지 않으면 대귀환은 없다. 우리가 우리의 창조자들을 사랑하고 우주를 향해 마음을 연다면 문명의 깨달음인 황금시대는 반드시 실현될 것이다. 우리가 꿈꾸어왔던 유토피아인 황금시대가 실현될지 안 될지는 이 시대의 우리에게 달려 있다. 전적으로 우리 자신에게 달려 있다.

세계의 등불

태양이 시뻘겋게 타오르는 2000년 8월 15일이었다. 역사적인 남북정상회담이 있은 지 두 달 후였다. 강화로 나들이갔다가 여느 때보다 일찍 돌아왔다. 집에 도착해 TV를 켜자마자 북측의 이산가족이 상봉장에 막 들어서고 있는 순간이었다.

"아-악! 으흐흑! 그래도 오-마-니가…… 이 자식을 못 -잊고... 이제껏- 살아 계셨군요. 아-아-!"

"……."

"아아 아-흐-흑! 오-마-니!"

"……."

"오마니! 보고 싶었어요…… 보고 싶었어!"

"……."

"아! 우리 오-마-니 얼마나 ……고생했습니까. 얼마나 마음이…… 아-팠겠어요."

"……."

상봉자 중 최고령인 100살의 어머니는 칠순이 다되어 돌아온 아들을 제대로 알아보지 못하고 있었다. 그 아버지는 아들이 의용군에 끌려간 뒤 이미 오래 전에 술로 한 많은 세상을 버렸다.

"으흐윽 으흐윽!"

"오빠여! 오-빠! 으-윽 어-엉 엄마…… 돌아가셨단 말이야. ……진작 오지 그랬어. 아-흐-흐. 아흑-흑."

"오마니가 명단에 없더라구…… 으-흑 으-흐-윽 아바지에게 큰절할래."

"오빠가…… 큰절한대요."

"아-바-지-! 아바지 며느리하고 손자들이…… 꼭 할아바지에게 전해달라고…… 오십 년 만에…… 아바지를 만났단 말이여- 으-흐-흑- 우리 장군님께서…… 이렇게 인사하라구…… 보내주셨어! 서울에서 인사하라구…… 옆에 어머니도- 같이 계시면 얼마나 좋겠어!"

"……."

"이게…… 이렇게 가슴이…… 터져! 아버지 흐흐흑."

아들이 끌려간 뒤 미칠 뻔했다면서 앙상한 손으로 아들의 얼굴을 어루만지는 노모, 스물셋에 청상과부가 되어 오로지 아들 위해 불공드리며 북의 아들을 기다려온 늙은 어머니, 남편이 일자리를 구하러 간 뒤 헤어져 반세기만에 만난 늙은 부부, 임신 중에 헤어져 아버지 얼굴 한 번 보지 못했다며 아버지를 끌어안고 통곡하는 가련한 딸, 병마로 북의 큰아들을 만나지 못하고 전화통화만 한 노파, 죽지 않고 살아 있으면 언젠가는 만난다며 눈물 속에 아들을 기다려오다 한 달 전에 숨져간 어머니.

그들은 통곡하며 흐느끼고 있었다. 오열하며 울부짖고 있었다. 어린애처럼 아랫입술을 당기며 우는 모습은 소름이 끼칠 정도였으며 오십 년의 한을 그 짧은 순간에 처절하게 녹여내고 있었다. 코엑스 상봉장 전체가 거대한 울음바다였다.

처절한 이 모습은 차라리 희극에 가까웠다. 아니 희극이 아니라 믿어지지 않는 현실이었고 참으로 기구한 상황이었다. 정상이 아니었다. 진정 있을 수 있는 일이 아니었다. 주름 가득한 얼굴에 한과 오기만 남은 앙상한 모습으로 혈육을 만난 이 장면은 정녕 정상이 아니었다. 소설 속에서나 허구에서나 있을 수 있는 일이었다. 있을 수 없는 이 상황이 실제라면 세상이 미치지 않고서는 가능한 일이 아니었다.

무엇을 위해서인가? 얼마나 급하고 중요한 일이 있었기에 부모와 자식이, 형제간이, 부부간이 오십 년 만에 만나는가?

이념을 위해서인가. 그건 글자 두 자 아닌가. 그리고 그것도 사람을 위해 있는 것 아닌가. 수령을 위해서인가. 인간이든 식물이든 다 같은 원자덩어리 아닌가. 그것도 아니라면 조국을 위해서인가. 조국이란 사람들의 모임에 불과하지 않은가. 그것까지 아니라면 진리를 위해서인가. 진리란 우릴 이롭게 하는 것 아닌가. 이도 저도 아니라면 역사발전을 위해서인가. 만나지 않는 것이 발전이라면 천년만년 후에 보면 될 것 아닌가.

그 어떤 것도 합당한 이유가 될 수 없었다. 그 무엇도 정당한 근거가 될 수 없었다. 우린 무엇을 위해 이래야 했던가. 거대한 허구였고 기만이었다. 다 같이 미친 짓에 놀아난 추악한 연극이었다. 이건 감동이나 감격이 아니었다. 어찌 이런 비정상이 감격이 될 수 있단 말인가. 이건 감동이 아니라 분노와 모순이었다. 슬픔과 감동을 넘어 분노와 울분이 끓어오르고 있었다. 저들이 무슨 죄를 지었는가. 한반도에 태어난 죄 그것도 인간으로 태어난 죄밖에 더 있는가.

인간이 달에 다녀오고 은하를 헤아리는 이 시대에 이런 기막힌 일이 일어나야만 하는가. 쭈글쭈글한 얼굴에 거친 손, 한만 남아 오늘까지 생을 지탱해온 저들이 무슨 잘못을 했길래 이런 고통을 당해야만 하는가. 법 없이도 살았을 저 사람들, 그토록 애태우던 혈육을 만나 기쁨에 통곡하는 저들. 그래도 이들은 다행이었다. 그 긴 세월에 한을 가슴에 묻은 채 죽어간 이는 또 얼마나 될 것인가.

이게 만물의 영장이라는 인간의 모습인가. 이것이 이성과 사유한다는 호모 사피엔스의 참모습인가. 인간의 업보는 어디까지인가. 유전자의 30억 염기쌍을 소리로 풀어놓으면 구슬픈 동양음악이 나온다는데 삶이란 정녕 눈물과 한숨으로 엮어진 서러운 이중사슬인가. 삶의 무대에 행복하려고 왔지 이처럼 흐느끼려고 왔던가. 우리는 남을 죽이는 것이 곧 자신을 해치는 일이며 타인을 지배하는 것이 죄악이라는 간단한 이 진리를 언제쯤이나 제대로 느낄 것인가.

인간이라는 사실이 부끄러웠고 이 땅에 산다는 것이 추했다. 소나무가 우리보다 나았고 비둘기가 우리보다 나았다. 더불어 한민족이라는 사실이 말할 수 없이 수치스러웠다.

얼마나 못났는가. 제 몸 하나 간수 못해 이웃나라에 수십 년 간 지배받고 그것도 모자라 허리가 두 동강이 나 서로 으르렁대고 있는 꼴이란 못났다 못해 안쓰러울 정도가 아닌가. 그리고 이제야 수백 명이 만나 서로 부둥켜안고 통곡하는 모습이란 또 얼마나 보기 흉한가. 독일이야 제2차대전을 일으킨 전범이라는 죄과 때문에 분단되었다 쳐도 우린 대체 무엇 때문에 갈라져야 했던가. 그 죄지은 독일도 이미 10여 년 전에 통일을 이루지 않았던가. 역사의 흐름에 제대로 한 번 서지 못하고 이리 치이고 저리 치인 못난 민족이 바로 내 눈에 비친 한민족의 모습이었다.

한국에 내놓을 만한 게 한글 빼고 무엇이 있는가. 하나 더 있기는 하지만 그건 소가 들어도 웃을 얘기였다. 손바닥만한 땅덩어리 하나 추스르지 못한 주제에 허황되게 널리 인간을 이롭게 한다는 건 가당치도 않은 것이었다. 애시당초 김치니 청자니 금강산이니 석굴암이니 하는 것들은 자랑거리가 못 되었다. 그런 것들은 그냥 먹거리나 구경거리나 얘깃거리일 뿐이었다. 아, 배추 이파리 버무려 놓은 것이나 돌쪼가리 쪼아 놓은 게 무어 그리 대수인가.

서양이 합리적 정신을 바탕으로 자연을 개척하면서 인간정신을 드높일 때, 동양은 스스로의 굶주림도 해결하지 못한 족속이었다. 또 한국은 지지리도 못났기에 언급할 가치가 없었고 동양은 공자 빼고 내세울 게 없기에 앞으로의 세계사를 서양이 주도할 것이라는 예측은 지극히 합당한 것이었다. 시민혁명과 산업혁명으로 세계사를 이끌어온 서양에 대해 동양이 내세울 유일한 장점은 자연에 대한 감수성이 있을 뿐이었다.

겨우 겨우 명맥을 유지해온 민족. 중국이라는 강대한 나라에 혹처럼 붙어 흡수되지 않고 기적적으로 생존해온 사람들. 무수한 외침으로 고난과 아픔을 겪어야 했던 환웅의 후손들. 그러나 난폭하지 않고 평화를 사랑해온 겨레. 높은 도덕성과 뛰어난 정신성을 지녀온 선한 민족. 그래

군자의 나라라 불려온 백의의 사람들. 어쩌면 이 겨레의 정의로움 속에 세계를 이끌 역량이 들어있을지도 모르는 일이었다. 만에 하나 한국이 21세기에 세계를 선도하는 나라가 된다면 그건 바로 홍익인간과 한글이 그 근거가 될 것이다. 인간을 인간답게 하는 것을 들라면 그건 이념과 언어 아닌가. 이것에 의해 인간이 뭇짐승과 다르게 되지 않은가.

'널리 인간을 이롭게 한다'는 뜻보다 더 세계정부의 이념에 적합한 게 어디에 있는가. 그 뜻이 신비적이지 않으면서 선하고 그 뜻한 바가 평화적이면서 지극히 광대했다. 자유나 평등이나 박애도 다 여기에 녹아드는 게 아닌가. 우리가 학문과 예술과 스포츠를 왜 하는가. 이롭기 때문 아닌가. 전쟁과 살인과 마약을 왜 반대하는가. 바로 해롭기 때문 아닌가.

이제 세계의 통일은 시대의 흐름이며 누가 막을 수 있는 게 아니다. 산골짝의 물이 흘러 흘러 바다에 닿아 용해되듯이 원시시대를 거쳐 온 인류도 지구의 모든 문제를 공평하게 처리할 세계정부를 구성하는 것이 필연적이다. 아득한 옛날인 건국 초기부터 세웠다는 이 위대한 정신은 대통일의 오늘날에 쓰려고 일부러 감추어둔 것만 같았다.

또한 한글의 위대함은 5만 자가 넘는 한자나 일본의 가나에 비할 바가 아니다. 자음과 모음의 구별이 뚜렷하고 세로쓰기가 가능해 알파벳도 따라오지 못한다. 발음기관을 본떠 만들어 표현하지 못하는 소리가 거의 없는 데다 한 음절이 초성, 중성, 종성으로 이루어져 지극히 과학적이면서도 입체적이다.

유럽 여러 나라에는 고유의 말은 있으나 글자가 없어 대부분 알파벳으로 표현하고 있고 그 알파벳은 창제과정과 제자원리가 뚜렷하지 않다. 중동에 있는 쐐기모양의 문자 역시 한글에 견줄 바가 못 된다. 훈민정음처럼 그 기원과 창제원리가 분명하면서 동시에 배우기 쉽고 쓰기 쉬운 글은 세계 언어사에 그 유래가 없으리라. 이런 뛰어난 글자가 몇십 년의 짧은 기간에 창제되었다는 것은 극히 어려운 일이니 그 전에 전해오는 무언가가 있을지도 모른다는 몇몇 학자의 예측이 어쩌면 맞을지도 모르는 일이었다.

그런데 무엇보다 자랑스러운 개천절과 한글날이 얼마나 초라하게 넘어가는가. 더군다나 한글날은 시월에 노는 날 많다 하여 국경일도 아니다. 용기만 있고 의가 없으면 난동을 부린다더니 아는 게 적은 데다 생각마저 짧으니 뵈는 게 없는 모양이다. 홍익인간과 한글날을 어찌 만세 몇 번 부른 날이나 법률 몇 개 만들어 공표한 날에 비할 수 있는가.

인간이란 이념이 없으면 그 어떤 것도 추구할 수가 없고 언어가 없다면 아무것도 이룰 수가 없는 것이다. 억지로 비유하자면 홍익인간이 머리라면 한글은 손과 발이고 홍익인간이 한반도에 해당한다면 한글은 산과 들이요, 나머지 소소한 날들은 여기저기 경치 좋은 지역에 불과한 것이다.

시월은 한민족의 달로 정해야 한다. 그 첫 주는 홍익인간의 주로, 둘째 주는 한글주간으로 정해 대대적인 행사와 더불어 한민족의 정신을 드높여야 한다. 정부는 축제를 개최해 이 위대한 이념을 계승하도록 하고 보다 많은 사람들이 그 뜻을 되새기도록 앞장서야 할 것이다.

지금은 내가 한민족의 일원이라는 사실이 기쁘고도 자랑스럽다. 순박하면서도 도덕적이었고 그 내다보는 뜻이 참으로 길고도 심오했기에 못난 조상이 아니라 가슴 뿌듯한 선조로 다시 태어나고 있었다.

홍익의 사람들.

태고적에 이 위대한 이념을 근본으로 삼은 사람들의 후손들. 유전자 속에 홍익의 정신이 살아 숨쉬는 민족. 그래 아름다운 사람들. 홍익은 분열이 아니라 화합이며 서로를 죽이는 철학이 아니라 우리 모두를 살리는 사상이다. 폭력이 아니라 정의로, 힘이 아니라 이치로서 세상을 교화하자는 이 이념은 오늘날 세계의 모든 문제를 보듬어 안고 해결할 대정신이다.

숭고한 한철학을 지녀온 겨레.

지상의 모든 생물이 나와 더불어 한 몸이라는 철학을 이어온 사람들. 서러움이 아니라 포용의 철학을 이어온 단군의 자손들. 지상의 모든 생물이 하나의 큰 생명의 뿌리에서 나온 것이라는 이 사상을 오늘날의 과학은 거시생물학을 통해 재발견하고 있는 중이다.

낱낱의 인간이 인류라는 거대한 존재의 세포라는 이 철학은 민족, 종교, 성별, 인종에 관계없이 모든 인류를 껴안을 큰 뜻인 것이다. 이 한이 바로 그 크고 바르고 가득한 의미의 그 한인 것이다. 진달래 보며 눈물짓는 한도 아니고 아리랑 고개를 서러움으로 넘는 그런 한도 아닌 모든 것을 수용할 이 한이 백의민족의 진정한 한인 것이다. 그래 오늘날 한반도가 지구상의 모든 종교와 사상의 용광로가 될 수 있었던 것은 우연이 아니라 바로 이 한철학이 있었기에 가능한 일이었다.

한글의 사람들.

누구나 배우기 쉽고 쓰기 쉬운 글자를 사용하는 슬기로운 민족. 전해 내려오는 바탕에 세종이라는 위대한 지도자에 의해 완성된 사랑의 글자. 닭 짓는 소리며 개 짓는 소리까지 다 적을 수 있는 보편적인 표음문자. 자음과 모음의 8개의 기본글자를 가지고 무려 2000여 개에 달하는 소리마디를 표현할 수 있는 독창적인 글자. 세계 언어사상 그 목적과 반포일을 아는 유일한 문자이자 세계적인 언어학자들이 찬탄하는 경이로운 글자.

우리가 6.25의 폐허 위에서 놀라운 경제부흥을 이룬 것도 한국의 문맹률이 가장 낮은 것도 따지고 보면 다 훈민정음이 있었기에 가능한 것이었다. 우리가 언어로 연결되지 않으면 할 수 있는 게 아무것도 없다.

뜻이 통하고 연결돼야만 건물을 짓든 도로를 뚫든 자동차를 만들든 할 게 아닌가. 조그마한 어떤 일을 하든지 간에 의사가 전달되어야만 할 수 있잖은가 말이다. 새로운 밀레니엄이 시작되기 몇 년 전 지난 천년을 돌아보는 조그만 행사가 있었다. 다시 말해 '지난 천년 동안 인류에게 최고의 영향을 끼친 창조물이 무엇인가' 하는 물음과 응답이 있었다.

그런데 여기에서 평범해 보이는 금속활자가 압도적인 지지를 받았다. 자동차도 컴퓨터도 아니고 만유인력도 원자력도 아니었다. 그 무엇도 아닌 인쇄술이었다. 그건 활자에 의해 인간의 지적욕구가 자극되고 정보교환이 촉진되어 사회 전반에 엄청난 진보를 가져왔기 때문이었다. 그 금속활자뿐만 아니라 목판 인쇄술까지도 세계 최초로 만들어낸 사람들이 바로 한민족 아닌가!

아울러 인류의 전 역사를 통틀어 최고의 발명품을 꼽으라면 그건 단연코 언어, 바로 말과 글이다. 그런데 수많은 언어학자들이 독창성과 편리성을 인정해 경탄해마지 않는 문자가 한글 아닌가. 세계적인 학자들이 10월 9일을 세계 언어의 날로 하자고 하며 한글의 우수성을 칭송하고 있질 않은가 말이다. 무엇보다 뛰어난 것을 남겨주었건만 못난 후손들이 몰라보고 업신여기고 있을 뿐인 것이다. 앞으로 전 세계가 통일될 때 세계언어 역시 반드시 필요하게 되어 있다. 그때 에스페란토(국제보조어로 1887년부터 공표·사용함)와 한글이 중추적인 역할을 하게 되리라.

홍익으로 몸을 세우고 한사상으로 세상을 보며 수려한 언어를 사용하는 사람들이여. 그래 선하고 아름다운 민족이여. 이건 결코 우연이 아니다. 이념이나 철학이나 언어가 인간에게 얼마나 중요한가. 그런데 세 가지 다 지구상에서 빼어났다는 사실은 결코 우연히 될 수 있는 일이 아니다. 한마디로 근본이 바로 선 것이다.

평화를 사랑하고 숭고한 사상을 지켜온 겨레여! 효를 행위의 근본으로 삼아온 인간들이여! 그래 온 지구상에 탁월한 도덕적 모범이 되는 사람들이여! 우리 이 땅에 우리의 부모를 맞이하자. 이 한반도에서 우주에서 오는 모든 인류의 부모를 영접하자. UFO가 환상이 아닌 것처럼 엘로힘은 침략자가 아니다. 그들은 하늘에서 오는 우리들의 큰 부모이다. 그들은 우리들을 창조한 장본인이다. 우리를 숨쉬게 하고 말할 수 있게 하고 뛰놀 수 있게 한 그 존재들. 바로 우리들의 아버지와 어머니이다.

우리를 창조하고 이끌었던 사람들, 우리가 신이라 불렀던 바로 그 존재들이다. 우리 이곳에다 약간의 땅을 내어 그들이 거처할 집을 짓자. 그리하여 우리들의 어버이인 그들을 맞이하고 그들에게 감사하자. 우리가 지상의 부모를 존경하는 것처럼 우리들을 창조한 이들에게 감사를 드리자.

엘로힘의 대사관이 건설되면 그들은 공개적으로 지구를 방문할 것이다. 그들이 귀환하는 날은 지구 역사 이래 최대의 영광스런 날이 될 것이고 새로운 역사가 펼쳐지게 될 것이다. 아울러 이곳 한반도에 대사관이 지어지면 한민족은 새로운 세계역사를 창조하는 주역으로 등장하게 될 것이다. 폭력이나 힘이 아니라 인간본연의 사상과 도덕에 의해 이루어지니 이 얼마나 멋지고 아름다운가. 한민족의 영광은 곧 세계인의 영광이 될 것이고 동방의 등불은 세계의 등불이 될 것이다.

한민족이 부모를 존경하지도 않고 인간의 도리도 모르는 야만의 자손이라면 이곳에다 대사관을 짓자고 어찌 주장할 수 있겠는가. 예나 지금이나 인륜의 가장 중요한 덕목이 있다면 그건 효가 아닌가. 그리고 지상의 모든 민족 중에서 지성으로 효를 행하는 민족은 바로 한민족 아닌가.

국가와 민족에 대한 방대한 연구를 했던 세계적인 어느 역사학자가 한민족이 인류에 공헌하는 게 있다면 그건 바로 효를 통해서일 거라고 갈파했던 종족이여! 으뜸가는 효를 행하는 겨레여! 세상을 덮을 만한 이념과 모든 생물을 아우르는 철학을 지녀온 백의민족이여! 그래 자랑스럽고 아름다운 인간들이여! 그러나 억눌리고 짓밟혀 시퍼런 멍이 든 사람들이여! 빛나는 본성을 잃어버리고 어둠 속에서 목 놓아 울었던 민족이여! 수천 년을 숨죽이며 오늘날을 준비해온 겨레여! 이제 낡은 과거를 훌훌 털어버리고 일어서자! 찬란한 정신을 회복해 인류와 세계평화에 기여하자. 그리하여 세계사의 변방에서 주역으로 등장하자. 우리가 우리의 부모를 영접하는 건 엘로힘이 우리보다 진보했기 때문만은 아니다. 그들이 어떤 재난에 의해 퇴보했다 하더라도 기쁘게 맞이하는 것이 우리들의 본분이며 도리가 아닌가.

인간을 신뢰하고 사랑했던 환웅의 후손들이여! 온갖 시련 속에서도 인간의 도리를 지켜온 백의민족이여! 그렇다. 우리가 추구해오고 지켜온 도리는 옳다. 우린 처음부터 하늘에서 내려온 사람들을 사랑하고 존경했던 민족이 아닌가.

우리 이 땅에다 대사관을 짓자. 조그마한 땅을 내어 우리의 부모 엘로힘을 맞이하자. 지상의 효를 행하였으니 이제 천상의 효를 완성하자. 우주에서 오는 우리들의 부모를 영접하자. 모든 인간의 어버이를 맞이하여 인간성의 완성을 이루자. 그리하여 대자연에서의 인간의 위치를 깨닫고 지상의 뭇 생물과 보편적인 사랑을 이루자. 우리의 지성과 재능을 이용해 은하수를 가로지르는 찬란한 문명을 꽃피우자.

참고문헌

《우주인의 메시지》, 끌로드 라엘, 메신저, 1995 | 《핵전쟁과 인류》, 핵전쟁방지국제의사회, 미래사, 1987 | 《자연발생설비판》, 루이 파스퇴르, 서해문집, 1998 | 《논어》, 김학주 옮김, 서울대출판부, 1985 | 《단》, 권태훈, 정신세계사, 1994 및 인터넷사이트 '봉우사상연구소' | 《부처님이 계신다면》, 탄허, 교림, 1993 | 《3천년의 약속》, 한바다, 아름드리미디어, 2002 | 《종교철학개론》, 존 H 힉, 종로서적, 1980 | 《오픈성경》, 성경편찬위원회, 아가페, 1987 | 《현대물리》, 아더 바이저, 연합출판, 1984 | 《상대성이론》, A 아인슈타인, 미래사, 1982 | 《종의 기원》, 찰스 다윈, 삼성, 1982 | 《생물학》, 로버트 A 윌리스, 을유, 1993 | 《생명 그 기원은 무엇인가》, 워치타워성서책자협회, 1991 | 《놀라운 창조이야기》, 듀안 기쉬, 국민일보사, 1993 | 《심판대위의 다윈》, 필립 E 존슨, 과학과 예술사, 1993 | 《진화 치명적인 거짓말》, 한스 요하머 칠머, 푸른나무, 2002 | 《다윈의 블랙박스》, 마이클 베히, 풀빛, 2001 | 《수수께끼의 외계문명》, 김진영, 넥서스, 1995 | 《충격 UFO보고서》, 허영식, 제삼기획, 1996 | 《티끌 속의 무한우주》, 정윤표, 사계절, 1994 | 《보병궁시대는 이미 시작되었다》, 최상렬, 한솔미디어, 1994 | 《신의 지문》, 그레이엄 핸콕, 까치, 1996 | 《달과 UFO》, 윌리엄 브라이언, 겸지사, 1991 | 《추적 UFO를 만난 사람들》, 서종한, 넥서스, 1995 | 《UFO신드롬》, 맹성렬, 넥서스, 1995 | 《약속의 땅》, 임선정, 금정, 2005 | 《노스트라다무스》, 존 호건, 디자인하우스, 1994 | 《수메르 혹은 신들의 고향》, 제카리아 시친, 이른아침, 2004 | 《수메르신화》, 조철수, 서해문집, 2003 | 《길가메쉬서사시》, 김산해, 휴머니스트, 2005 | 《노인과 바다》, 어네스트 헤밍웨이, 소담, 1991 | 《예언자의 노래》, 칼릴 지브란, 물병자리, 1998 | 《악마 같은 남성》, 리처드 랭험, 사이언스북스, 1997 | 《선학의 황금시대》, 吳經熊, 천지, 1997 | 이외 다수의 책